بسم الله الرحمن الرحيم

السياسة الخارجية الإسرائيلية تجاه إفريقيا

السودان نموذجاً

عامر خليل أحمد عامر

مركز الزيتونة
للدراسات والاستشارات
بيروت - لبنان

The Israeli Foreign Policy Towards Africa: The Sudan Case

By:

'Amer Khalil Ahmad 'Amer

أصل هذا الكتاب هو رسالة نال بها المؤلف درجة الماجستير في الدراسات الإسرائيلية من برنامج الدراسات العليا، معهد الدراسات الإقليمية بجامعة القدس، سنة 2009. وقد أشرف على الرسالة أ. د. ناجي صادق شراب؛ وشارك في مناقشتها أ. د. أسامة أبو نحل، ود. عبد الناصر سرور.

© جميع الحقوق محفوظة

الطبعة الأولى

2011م – 1432هـ

بيروت – لبنان

ISBN 978-9953-500-99-7

يُمنع نسخ أو استعمال أي جزء من هذا الكتاب بأي وسيلة تصويرية أو إلكترونية أو ميكانيكية بما في ذلك التسجيل الفوتوغرافي، والتسجيل على أشرطة أو أقراص مدمجة أو أي وسيلة نشر أخرى أو حفظ المعلومات واسترجاعها دون إذن خطّي من الناشر.

(الآراء الواردة في الكتاب لا تُعبّر بالضرورة عن وجهة نظر مركز الزيتونة للدراسات والاستشارات)

مركز الزيتونة للدراسات والاستشارات

تلفون: 44 36 80 1 961 +

تلفاكس: 43 36 80 1 961 +

ص.ب.: 14-5034، بيروت - لبنان

بريد إلكتروني: info@alzaytouna.net

الموقع: www.alzaytouna.net

إخراج

مروة غلاييني

تصميم الغلاف

XOTOX زوتكس

طباعة

Golden Vision sarl +961 1 820434

فهرس المحتويات

المقدمة

المقدمة

تعدّ جمهورية السودان أكبر دولة عربية من حيث المساحة إضافة لحدودها الواسعة مع العديد من الدول الإفريقية والعربية ومصر تحديداً، وتتميز بثرواتها الاقتصادية والمائية -نهر النيل- وأراضيها الخصبة وتنوعها العرقي والديني, وكونها بوابة لكل من الدول الإفريقية والعربية، وهذا وضعها في دائرة الاهتمام الإسرائيلي منذ عقود عديدة. وبالتالي هدفت "إسرائيل" إلى إضعاف السودان وتفتيته وتوظيف مشكلاته الداخلية وإثارتها لخدمة مصالحها عبر النزاعات والصراعات، بهدف صرفه عن قضاياه القومية في محيطه العربي والإسلامي والإفريقي.

لذلك ومنذ تأسيسها سعت "إسرائيل" إلى محاولة فتح باب علاقات سياسية مع القادة والزعماء السودانيين، وقد وظفت "إسرائيل" التنوع العرقي والديني السوداني ما بين الشمال والجنوب، وانتبهت لهذا التنوع وتداعيات إثارته وتحريكه منذ ما يزيد على أربعة عقود، وذلك عبر علاقاتها مع أثيوبيا وإريتريا وأوغندا، فقدمت الدعم المادي والأمني واللوجستي اللازم لفصل شمال السودان عن جنوبه وشجعت بل وأسهمت في نشأة ما يسمى "الجيش الشعبي" لتحرير جنوب السودان.

ويتركز الحرص الإسرائيلي على إقامة علاقات مباشرة أو غير مباشرة مع السودان، من خلال استراتيجية إسرائيلية أساسية مفادها أن توثيق العلاقة مع الدول الإفريقية سيوفر مخرجاً لـ"إسرائيل" من العزلة في المنطقة العربية، التي عاشت فيها منذ نشأتها سنة 1948، وذلك من خلال إيجاد قواعد وعلاقات تجارية وسياسية وأمنية تشكل بديلاً عن العلاقة مع الأطراف العربية.

وقد وظفت "إسرائيل" تلك العلاقات لإثارة النزاعات العرقية في الدول العربية عبر توثيق علاقاتها مع الدول الإفريقية لا سيّما التي لها امتداد جغرافي معها وذلك عبر ما يسمى بنظرية "شدّ الأطراف أو الأصابع" التي صاغها ديفيد بن جوريون David Ben Gurion أول رئيس وزراء إسرائيلي، وفي هذا السياق جاء الاهتمام الإسرائيلي بإقامة علاقات مع الدول الإفريقية المحيطة بالسودان ثم بالسودان المحيط بالدول العربية خاصة مصر، وبالتالي يمكن القول أن "إسرائيل" اهتمت بالدول الإفريقية للدخول

إلى السودان واهتمت بالسودان من أجل الدخول إلى مصر، وهكذا تتحول قاعدة "شدّ الأطراف" من النظرية إلى التطبيق والممارسة.

إن دراسة السياسة الخارجية الإسرائيلية تجاه إفريقيا واتخاذ السودان نموذجاً لها، يتيح للباحث والقارئ العربي مساحة للاطلاع على الدور الخطير الذي تمارسه "إسرائيل" تجاه إفريقيا عامة والسودان خاصة، وتكشف هدف ومغزى هذا الاهتمام من أجل إضعاف مصر من زاوية تصدير الأزمات إلى الجوار، ومن زاوية التأثير على منابع المياه الاستراتيجية التي تمر من السودان إلى مصر عبر نهر النيل، إلى جانب محاولة تقسيم السودان وتفتيته عبر تقديم الدعم لحركة تحرير جنوب السودان، ثم توظيف قضية دارفور لسلخ غرب السودان الذي يقع على بحر من الماء والنفط عن باقي السودان. وتلك إحدى أهم الوسائل والسياسات الإسرائيلية بل والأمريكية المستعملة الآن في المنطقة العربية والإفريقية التي يتم تنفيذها في كلا من العراق والصومال وأفغانستان ولبنان وفلسطين، ولكن دائرة اهتمام هذا الكتاب تتركز على السودان تحديداً كنموذج، ومن خلاله يمكن فهم وتحليل بقية النماذج بل سيوفر مدخلاً مهماً لفهم تلك السياسات الإسرائيلية، مداخلها ومخارجها وتداعياتها داخلياً وإقليمياً.

من أهم المصطلحات الواردة في الكتاب نظرية "شدّ الأطراف ثم بترها" والتي صاغها ديفيد بن جوريون لمواجهة حالة العزلة والعداء التي مرت بها "دولة إسرائيل" مع بداية نشأتها، وتعني جعل أطراف الدول العربية في حالة توتر واحتراق قابلة للتطور والانفجار بشكل يدفع الجماعات العرقية والإثنية الموجودة على التخوم العربية في اتجاه المركز وامتصاص طاقاته تمهيداً للانسلاخ والانفصال وإقامة الكيانات العرقية السلالية المنفصلة والمستقلة[1]، ويعتبر "حلف المحيط" نظرية أخرى وضع أسسها أيضاً بن جوريون، وذلك لعقد تحالفات مع الدول المحيطة بالدول العربية لمواجهة حالة العداء العربي تجاهها خاصة في المرحلة الأولى من نشأتها، وقد بدأت "إسرائيل" بتطبيق هذه النظرية من خلال تحالفها القوي مع إيران في عهد الشاه وتركيا وأثيوبيا في عهد الامبراطور هيل سيلاسي Haile Selassie[2].

[1] حسن مكي، جريدة **26 سبتمبر**، صنعاء، 2004/5/20.

[2] موشي فرجي، **إسرائيل وحركة تحرير جنوب السودان: نقطة البداية ومرحلة الانطلاق**، ترجمة الدار العربية للدراسات والنشر (تل أبيب: مركز ديان لدراسات الشرق الأوسط وإفريقيا)، ص 52.

استعرض الكتاب في البداية أهداف السياسة الخارجية الإسرائيلية تجاه إفريقيا، حيث احتلت القارة السوداء مكاناً متقدماً في سلم أولويات الحركة الصهيونية منذ تأسيسها، فقد طُرحت أوغندا لتكون وطناً قومياً لليهود في مطلع القرن الماضي، وكان من أسباب الاهتمام الإسرائيلي بالقارة السوداء التأثير على الأمن المائي العربي حيث نهر النيل وأهميته الاستراتيجية لمصر والسودان ودول أخرى، وتهديد الملاحة العربية في البحر الأحمر ومنع تحوله إلى بحيرة عربية، وإضعاف التأييد الإفريقي للقضايا العربية.

وفي محاولتها لتحقيق أهدافها، حاولت "إسرائيل" الربط الأيديولوجي والحركي بين الصهيونية وحركة الجامعة الإفريقية والزنوجية، بالإشارة إلى أن كلا العنصرين له ماضٍ مؤلم ممتد، ما يدفع إلى الاعتقاد بأن سياسة "إسرائيل" في إفريقيا تعد تطلعاً لا لحماية اليهود فقط، بل لمساعدة الأفارقة (الزنوج) الذين تعرضوا للاضطهاد.

وأتى الكتاب على المراحل المختلفة التي مرت بها العلاقات الإفريقية الإسرائيلية صعوداً وهبوطاً، ووسائل وطرق تنفيذ السياسة الخارجية الإسرائيلية في إفريقيا والمؤسسات التي تشرف على تطبيقها. كما استعرض رؤية "إسرائيل" للسودان كدولة، مستعرضاً تاريخ علاقة "إسرائيل" مع السياسيين السودانيين التي بدأت في وقت مبكر من عقد خمسينيات القرن الماضي، وبيّن الأطماع الإسرائيلية في الماء والنفط السوداني، وتوظيف "إسرائيل" للعلاقة مع السودان في عهد الرئيس السابق جعفر النميري في تهجير يهود الفلاشا Beta Israel.

وتطرّق الكتاب إلى دور "إسرائيل" في تفتيت السودان من خلال علاقاتها مع حركة تحرير جنوب السودان والدعم الكبير الذي قدمته لها في مراحل مختلفة، وصلة زعيم الحركة جون قرنق John Garang بـ"إسرائيل" وزياراته المتعددة لها. وأشار الكتاب إلى دور دول الجوار التي لها علاقات مع "إسرائيل"، أوغندا وأثيوبيا وزائير وكينيا، كقواعد متقدمة للنفاذ إلى جنوب السودان. كما تناول في سياق التفتيت قضية دارفور والدور الإسرائيلي فيها ومواقف القيادات الإفريقية وتأثير اللوبي اليهودي في دفع دارفور إلى سلم الاهتمام العالمي ومائدة مجلس الأمن الدولي Security Council.

وتناول الكتاب تداعيات السياسة الخارجية الإسرائيلية تجاه إفريقيا على الأمن القومي العربي بشكل عام والأمن القومي المصري والسوداني بشكل خاص، إذ ما زالت هذه السياسة تجاه إفريقيا والسودان تهدد أمن العرب في البحر الأحمر وثرواتهم من

النفط والماء، حيث ترنو "إسرائيل" إلى دول حوض النيل وتحاول التأثير على مجرى نهر النيل، والمخططات في هذا الصدد كثيرة. كما أن الاكتشافات النفطية في جنوب السودان وغربه زادت من المخاطر التي تهدد الأمن الاقتصادي العربي، فيما الوجود الإسرائيلي في البحر الأحمر يجعل العديد من الدول العربية في معرض التجسس والرقابة الإسرائيلية المباشرة.

وأخيراً، وضع الكتاب في ضوء استنتاجاته من دراسة الدور الإسرائيلي في إفريقيا عامة والسودان خاصة عدداً من التوصيات لمواجهة التهديدات الإسرائيلية للعمق العربي في إفريقيا، تضمنت توثيق العلاقات الإفريقية العربية وإنهاء الخلافات بهذا الصدد بما يضمن خدمة المصالح المشتركة وصدّ التغلغل الإسرائيلي في القارة الإفريقية، والانتباه لمسألة تمايز الأعراق واختلاف الأديان في المجتمعات الإفريقية والعربية، وتوظيف "إسرائيل" لها لخدمة أهدافها ومصالحها من خلال تفهم هذا الاختلاف ورفع الظلم الواقع على الطوائف غير العربية، ومساعدة الأفارقة الذين يعانون الفقر الشديد في ظلّ الحروب والصراعات غير المتوقفة التي تستغلها "إسرائيل" للنفاذ إلى العمق الإفريقي وتأجيج الصراعات فيها، لتبقى جميع الدول في حاجة لعونها ومساعدتها خاصة السلاح.

الفصل الأول

أهداف السياسة الخارجية الإسرائيلية تجاه إفريقيا في ضوء تطور مراحلها

أهداف السياسة الخارجية الإسرائيلية تجاه إفريقيا في ضوء تطور مراحلها

المقدمة:

تعدّ العلاقات الإفريقية الإسرائيلية موضوعاً متعدد الأبعاد والمستويات، حيث بدأت قبل قيام "إسرائيل" ذاتها، وذلك منذ أواخر القرن الـ 19، حين طرح الجيل الأول من رواد الحركة الصهيونية بدائل للوطن القومي -بالنسبة لهم- فكانت أوغندا هي الموقع المنتقى، قبل الاستقرار على فلسطين كوطن قومي لهذا الجيل من روادها.

وظلت إفريقيا حاضرة في دائرة اهتمام تلك الحركة، ليس فقط بمعنى الوطن القومي، بل بمنظور العمق الاستراتيجي والحزام الأمني الذي يطوق العرب، وعلى خطى هذه الأبعاد والمصالح التاريخية تواصلت استراتيجية "إسرائيل" تجاه إفريقيا، وتنامت لتصل إلى ما هي عليه اليوم.

وقد شهدت العلاقات الإفريقية الإسرائيلية تحولاً مهماً خلال عقد التسعينيات من القرن الماضي، سواء على نطاق هذا الانتشار أو على درجة تعمقه. وقد وصف البعض هذا التحول بأنه نوع من (الوفاق أو التحالف الجديد أو العودة الإسرائيلية إلى إفريقيا)، وذلك بعد سنوات العزلة التي فرضتها ظروف الحرب الباردة، وديناميات الصراع في السبعينيات والثمانينيات، إلى غير ذلك من عوامل أدت إلى تغيير النظرة التقليدية للوجود الإسرائيلي في إفريقيا، والتي كانت تعدّه تهديداً أو خطراً محدقاً بالعرب والأفارقة على السواء، ومن ثم ينبغي استئصاله، الأمر الذي ساعد "إسرائيل" على التغلغل في القارة الإفريقية في معظم الميادين، وعلى كافة المستويات، وهو التغلغل الذي زادت كثافته في العقد الأخير، خاصة منذ مؤتمر مدريد للسلام Madrid Conference في تشرين الأول/ أكتوبر سنة 1991، حيث تحولت النظرة للعلاقات الإفريقية الإسرائيلية إلى أن "إسرائيل" لم تعد تمثل الخطر الواجب محاصرته، خاصة وأن المفاوضات قد بدأت بين الجانبين العربي والإسرائيلي، كما بدأ الحديث يتردد عن مشروعات عديدة للتعاون العربي الإسرائيلي، يأتي في مقدمتها مشروع السوق الشرق أوسطية، بما يتضمنه من صور للتعاون الفني والتقني والمائي... إلخ.

يتناول هذا الفصل بالتحليل أهداف السياسة الخارجية الإسرائيلية تجاه إفريقيا والمراحل المختلفة التي مرت بها العلاقات الإسرائيلية الإفريقية صعوداً وهبوطاً.

أولاً: أسباب الاهتمام الإسرائيلي بإفريقيا:

احتلت القارة الإفريقية مركزاً متقدماً في أجندة الأولويات الإسرائيلية وقد تأكد ذلك بشكل خاص بعد صدور توصيات الدراسة الشاملة التي أجريت بهدف وضع تصور لأوضاع "إسرائيل" سنة 2020، والتي أكدت على حاجة "إسرائيل" للتوسع وتأمين حدودها وضمان أمنها وتفوقها الاقتصادي والتقني وأن تصبح مركزاً ليهود العالم، على أن يتحقق ذلك بأساليب جديدة تضمن تحقيق الأهداف وتحافظ في الوقت ذاته على الثوابت التقليدية، ومن أبرز الأساليب: التعاون الإقليمي مع دول صديقة وتفكيك التحالفات الإقليمية المعادية[1].

لم تبدأ علاقة "إسرائيل" بإفريقيا بقيامها في 1948/5/14، بل مع انعقاد أول مؤتمر صهيوني في آب/ أغسطس 1897 في بازل بسويسرا، حيث برزت في صدارة جدول أعماله خيار أوغندا كموطن قومي لليهود، إلى جوار كينيا والأرجنتين وفلسطين، وقد تأكدت هذه الحقيقة من خلال كتاب صدر سنة 1968 بعنوان: "صهيون في إفريقيا"، كشف فيه مؤلفه عن أن جوزيف تشمبرلين Joseph Chamberlain، وزير المستعمرات البريطانية، شجع ثيودور هيرتزل Theodor Herzl، مؤسس الصهيونية السياسية الحديثة، على توجيه نشاطه إلى شرق إفريقيا، واستمرت الاتصالات بين الطرفين البريطاني والصهيوني بهدف وضع مخطط لإنشاء وطن قومي لليهود في أوغندا، إلى أن قرر المؤتمر الصهيوني السادس في بازل سنة 1903 رفض مشروع أوغندا[2].

تطلع ثيودور هيرتزل إلى إفريقيا وركز على التشابه بين السود واليهود في الخبرات والتجارب، وفي كتابه "الأرض الجديدة القديمة" Altneuland، الذي نشر سنة 1902، بعد مرور خمس سنوات على عقد المؤتمر الصهيوني الأول في بازل بسويسرا حيث

[1] محمود أبو العينين وآخرون، التقرير الاستراتيجي الإفريقي 2001-2002م (القاهرة: جامعة القاهرة، معهد البحوث والدراسات الإفريقية، مركز البحوث الإفريقية)، ص 376.

[2] إدريس جالو، التغلغل "الإسرائيلي" في إفريقيا، شبكة المشكاة الإسلامية، 2007/1/22، انظر:
http://www.meshkat.net/new/contents.php?catid=6&artid=7559

بدأت حملة من أجل قيام دولة يهودية كتب هيرتزل "بعد أن أرى خلاص اليهود أبناء شعبي، سأتجه وأعمل أيضاً من أجل إنقاذ أبناء إفريقيا"[3].

تزايد الاهتمام الإسرائيلي بإفريقيا بعد أن نالت معظم الأقطار الإفريقية استقلالها وانضمت إلى الأمم المتحدة United Nations (UN) وصارت تشكل كتلة صوتية لها وزنها وظلت "إسرائيل" غير مرتبطة بأية علاقات مع دول إفريقيا حتى منتصف الخمسينيات من القرن الماضي، حينما بدأت الدول الإفريقية تنال استقلالها، وتعدّ ليبيريا ثالث دولة في العالم تعترف بـ"إسرائيل"، وأول دولة إفريقية تعقد مع "إسرائيل" معاهدة صداقة وتعاون. وبلغ الاهتمام الإسرائيلي بإفريقيا بعد مؤتمر باندونج Bandung Conference سنة 1955 مرحلة جديدة ومن ثم سطعت إفريقيا في دائرة الضوء في السياسة الخارجية الإسرائيلية كجزء من الصراع الشرق الأوسطي لتحقيق أهداف سياسية[4].

وباستقراء السياسات الخارجية الإسرائيلية تجاه إفريقيا يمكن الوقوف على الأهداف التالية:

1. التأثير على الأمن المائي العربي:

شكلت نظرة "إسرائيل" تجاه مياه النيل، والتي لم تَخلُ البتة من مطامع استيلائية، جزءاً من النهج الإسرائيلي المعروف تجاه المياه العربية المشتركة بينها وبين الدول العربية، الأمر الذي قامت بترجمته من خلال طرح العديد من المشروعات حول اقتسام المياه التي لم تجد طريقها للتنفيذ لكونها ترمي دوماً إلى تحقيق مصالح "إسرائيل" المائية فقط[5].

وتهدف "إسرائيل" لاستخدام المياه باعتبارها ورقة ضغط على مصر والسودان، وبصفة خاصة مصر التي تدخل مصالحها في مياه النيل في دائرة المصالح المصرية، التي تتصل بحياة الشعب وبقاء البلاد بوجه عام، ومن ثم فإن التنسيق الإسرائيلي

---

[3] Mitchell G. Bard,"The Evolution of Israel's Africa Policy," Middle East Review, Winter 1988-1989.

[4] נועמי חזן, ישראל באפריקה. הדיפלומטיה בצל עימות. האוניברסיטה הפתוחה, תל אביב.. 1984. 606.
والكتاب باللغة العبرية وترجمته: نعومي حزان، **إسرائيل في إفريقيا: الدبلوماسية في حالة مواجهة** (تل أبيب: الجامعة المفتوحة، 1984)، ص 606.

[5] نادية سعد الدين، "التغلغل الإسرائيلي في شرق إفريقيا وانعكاساته على الأمن القومي العربي،" مجلة **المستقبل العربي**، مركز دراسات الوحدة العربية، بيروت، العدد 292، 2003، ص 48.

مع دول منابع النيل، خاصة أثيوبيا وأوغندا والكونغو الديموقراطية يمثل تهديداً للمصالح المصرية والسودانية بشكل لا يحتمل التأويل. ومن مظاهر ذلك التنسيق، الخطط الإسرائيلية التي تباركها الولايات المتحدة لإقامة سدود ومشروعات للري في كل من أثيوبيا، والكونغو الديموقراطية، وإريتريا، وأوغندا وجنوب السودان، وهي مشروعات مهما تكن صغيرة، إلا أن البناء عليها يتطور مع الوقت. وفي هذا الإطار أيضاً يمكن تفسير المساعي الإسرائيلية لتوطيد العلاقات مع زعماء قبائل التوتسي Tutsi في منطقة البحيرات العظمى التي تضم بشكل أساسي رواندا وبوروندي والكونغو الديموقراطية، بهدف إحكام السيطرة على دول تلك المنطقة[6].

وتسعى "إسرائيل" من خلال رؤيتها الشمولية لمنطقة البحيرات العظمى بامتداداتها الجغرافية في القرن الإفريقي والبحر الأحمر إلى تحقيق جملة من الأهداف الأمنية والاستراتيجية لعل من أبرزها الوصول إلى منابع النيل بما يمكنها من استخدام هذه القضية كورقة ضغط لا يستهان بها أو لربما سعياً وراء تحقيق حلمها القديم من النيل إلى الفرات أو على الأقل المضي في مشروع توصيل مياه النيل إليها وتدويل البحر الأحمر والحيلولة دون أن يصبح بحيرة عربية بل إن "إسرائيل" بدأت تربط بين مفهومها للأمن الإسرائيلي والامتداد الجيو-استراتيجي له في جنوب البحر الأحمر[7].

وفي ضوء ذلك حرصت "إسرائيل" على إعادة علاقاتها مع دول حوض النيل والبحيرات العظمى بعد فترة الانقطاع إثر حرب تشرين الثاني/ نوفمبر 1973 ومن ثم تعزيزها في جميع الجوانب فوقّعت زائير (الكونغو الديموقراطية) على برتوكول التعاون العسكري سنة 1981 ليمهد لاستئناف العلاقات الدبلوماسية معها ويدفع نحو التعاون الأمني والعسكري بين البلدين[8].

وفي 1988/12/23 أعلنت كينيا استئناف علاقاتها الدبلوماسية مع "إسرائيل" التي انقطعت في تشرين الثاني/ نوفمبر 1973، وهو ما لم يمنع استمرار العلاقات التجارية بينهما، فبلغت صادرات "إسرائيل" إلى كينيا في سنتي 1986-1987

---

[6] محمود أبو العينين وآخرون، **التقرير الاستراتيجي الإفريقي** 2001-2002م، ص 353.

[7] حمدي عبد الرحمن، "التوازن الإقليمي في البحيرات العظمى والأمن المائي المصري،" مجلة **السياسة الدولية**، القاهرة، العدد 135، كانون الثاني/ يناير 1999، ص 33.

[8] إدريس جالو، التغلغل "الإسرائيلي" في إفريقيا.

على التوالي 14.8 و8.3 مليون دولار. فيما بلغت وارداتها من كينيا في الفترة نفسها 21.8 و3.1 مليون دولار، وتتميز كينيا بأنها تشترك في الحدود مع أربع دول من دول حوض النيل هي السودان وأثيوبيا وأوغندا وتنزانيا[9].

شهدت سنة 1989 عودة العلاقات بين "إسرائيل" وأثيوبيا، التي تتحكم في 85% من منابع نهر النيل، وتعززت عسكرياً حيث زودت "إسرائيل" الجيش الأثيوبي بالعتاد العسكري حتى بعد انفصال إريتريا عنها ودعمت موقفها بعد تفجر الحرب بين إريتريا وأثيوبيا في 1998/5/6. وكانت الخطط الأثيوبية لبناء سدود على منابع نهر النيل مساحة توتر في العلاقات المصرية السودانية مع أثيوبيا[10].

أما السودان الذي لا توجد علاقات دبلوماسية معه، فقد حرصت "إسرائيل" على فتح مسار اتصالات وعلاقات معه سواء عبر التدخل المباشر في جنوب السودان أو دارفور ونسج علاقات مع المسؤولين السودانيين وهو ما سيتم تفصيله في الفصل الخامس من الكتاب.

وتحركت "إسرائيل" في منطقة البحيرات العظمى، فزودت الجيش البوروندي والرواندي بالسلاح في ظروف الحرب الأهلية واندلاع الصراع بين قبيلتي الهوتو Hutu والتوتسي Tutsi سنة 1994، ووقوع مذابح راح ضحيتها مليوني مدني. ووصل إلى كيجالي (عاصمة رواندا) في 1996/1/2 وفد إسرائيلي رسمي برئاسة إيغال عنتيدي, مدير قسم إفريقيا بوزارة الخارجية الإسرائيلية, وبصحبته طائرتان تحملان شحنة من المواد الغذائية والطبية.

واستؤنفت العلاقات بين أوغندا و"إسرائيل" سنة 1994 بين انقطاع دام عشرين عاماً، ووقّعت بين الدولتين عدد من الاتفاقيات العسكرية والاقتصادية. وفي مجال الزراعة والمياه أبرم اتفاقاً تقيم بموجبه "إسرائيل" عدداً من السدود للتنمية الزراعية وتوليد الكهرباء، كما استؤنفت العلاقات مع تنزانيا سنة 1995 بعد انقطاع دام أكثر من 22 عاماً[11].

---

[9] طارق أبو سنة، "استئناف العلاقات الدبلوماسية بين كينيا وإسرائيل،" **السياسة الدولية**، العدد 96، 1989، ص 182.

[10] أيمن عبد الوهاب، **السياسة المصرية تجاه حوض النيل منذ عام 1981** (القاهرة: معهد البحوث والدراسات الإفريقية، 2004)، ص 99.

[11] مجدي صبحي، "مشروعات التعاون الإقليمي في مجال المياه،" **السياسة الدولية**، العدد 115، 1994، ص 198.

وبعد تطور العلاقات بين "إسرائيل" وبعض الدول الإفريقية، أثار عدد من نواب مجلس الشعب المصري أزمة علاقات مصر مع عدد من دول حوض النيل، حيث بدأت بعض الدول الموقعة مع مصر، مثل كينيا وأوغندا، على اتفاقية منابع النيل في إعلان نيتها الانسحاب من الاتفاقية واستخدام المياه كما تريد. وقد كان حاضراً في أذهان الجميع مخاطر التغلغل الإسرائيلي في دول حوض النيل، خصوصاً في أثيوبيا؛ ولكن هذه المخاطر لا تقتصر على أثيوبيا فقط، كما يعتقد الكثيرون، بل تمتد لتشمل دول حوض النيل الأخرى التي شهدت علاقاتها مع "إسرائيل" تنامياً ملحوظاً منذ منتصف تسعينيات القرن الماضي.

ولذلك اتجهت السياسة الإسرائيلية لتركيز جهودها على دول حوض النيل الأخرى، خصوصاً دول المنابع، من أجل الالتفاف على الرفض المصري لفكرة تحويل جزء من مياه النيل إلى صحراء النقب عبر سيناء، وقد تكثفت الجهود الإسرائيلية من أجل اللعب بورقة المياه بعد فشل الخطط السابقة، وشهدت نهاية عقد التسعينيات تحركاً خطيراً لتغيير القواعد القانونية الدولية المعمول بها في إطار توزيع مياه الأنهار، فدخلت مفاهيم جديدة، مثل تسعير المياه، وإنشاء بنك وبورصة للمياه. وقد قام التحرك على أساس الأفكار الأمريكية وأفكار البنك الدولي، ويلبي هذا الطرح احتياجات كل من تركيا وأثيوبيا و"إسرائيل" على حساب الحقوق التاريخية المكتسبة للدول العربية في أحواض النيل ودجلة والفرات؛ بحيث يكون الحل الوحيد أمام الدول العربية، لتجنب الحروب حول المياه، هو اضطرارها لقبول نقل مخزون مياهها لـ"إسرائيل"، وإلا تعرضت هي نفسها لانتقاص حقوقها المائية، ويكون مقتضى هذه الصفقات دخول "إسرائيل" فاعلاً أصيلاً في مشروعات تنمية موارد الأنهار الكبرى في المنطقة من خلال تحالفها المائي مع دول المنابع التي ستلتزم في هذه الحالة بالربط بين نقل المياه لـ"إسرائيل"، وبين التعاون مع دول الممرات والمصبات[12].

2. تهديد الملاحة في البحر الأحمر:

تعتبر محاولة السيطرة على البحر الأحمر من أهم الأهداف الاستراتيجية لـ"إسرائيل" في القارة الإفريقية والتي بدأت سنة 1949 بعد تأسيس الوجود الإسرائيلي

---

[12] أحمد عبد الحي، مناطق ساخنة: هضبة البحيرات.. ملعب "مياه" إسرائيلي، موقع إسلام أون لاين، 2004/5/20, انظر: http://www.islamonline.net/servlet/Satellite?c=ArticleA_C&cid=1170514795896&pagename=Zone-Arabic-News%2FNWALayout

في خليج العقبة بهدف الاتصال مع العالم الخارجي عن طريق البحر الأحمر. ولتحقيق هذا الهدف، بدأت "إسرائيل" بتأسيس وجود لها على البحر الأحمر بغية استخدامه لتحقيق مصالحها العسكرية والاقتصادية والسياسية. وكانت الخطة التالية هي السيطرة على البحر الأحمر ذاته، فبدأت باحتلال الأراضي العربية في الجزء الشمالي، واحتلال الجزر الواقعة في الجزء الجنوبي من المنطقة. ولأن "إسرائيل" تخشى فعلاً أن ينجح العرب في تحويل البحر الأحمر إلى بحيرة عربية، ومن ثم يفرضون حصاراً على السفن الإسرائيلية، خاصة أن هذه المخاوف كانت قد تصاعدت إبان قيام العرب بالفعل بإغلاق مضائق تيران وباب المندب في سنتي 1967 و1973، على التوالي، لذلك، يتسم البحر الأحمر، بما في ذلك القرن الإفريقي، بأهمية حيوية واستراتيجية لـ"إسرائيل"[13].

ويمثل هذا المنطلق أهم ضرورات الأمن الإسرائيلي حيث ركزت "إسرائيل" على هدف السيطرة على ممرات ومنافذ استراتيجية على البحر الأحمر من خلال إيجاد مواطئ أقدام لها على السواحل والأقاليم الواقعة حول البحر الأحمر بهدف منع أية قوة معادية من السيطرة على هذه الممرات والمنافذ وبالتالي حصار "إسرائيل"، وقد عبر ديفيد بن جوريون عن ذلك بقوله "لو تمكنا من السيطرة على مواقع حيوية في البحر الأحمر فإننا سنتمكن من اختراق سور الحصار العربي بل والانقضاض عليه وهدمه من الخلف"، وأكد أيضاً "إن سيطرة إسرائيل على نقاط في البحر الأحمر ستكون ذات أهمية قصوى لأن هذه النقاط ستساعد إسرائيل على التخلص من أية محاولات لحصارها كما ستشكل في ذات الوقت قاعدة لمهاجمة أعدائنا في عقر دارهم قبل أن يبادروا إلى مهاجمتنا"[14].

أصبح البحر الأحمر وفق المنظور الإسرائيلي ممر دولي ينبغي أن يظل مفتوحاً لسفن الدول جميعاً بما فيها "إسرائيل"، وهو الاتجاه الذي يوليه الإسرائيليون اهتماماً عميقاً حيث يزعمون أنه لا حقّ للعرب في السيطرة أو تقييد حرية الملاحة لأية دولة في البحر الأحمر، ولهذا فإن "إسرائيل" كانت دوماً على استعداد لمساندة جهود أية دولة تعارض تحويل البحر الأحمر إلى بحيرة عربية.

---

[13] مصطفى رجب، التقارب الإسرائيلي - الإفريقي وأثره على الأمن القومي العربي، موقع مركز الشرق العربي، 2005/6/25، انظر: // http
www.asharqalarabi.org/uk/m-w\b-waha-58.htm

[14] موشي فرجي، مرجع سابق.

واتبعت "إسرائيل" ثلاثة أنماط متداخلة من التحرك والعمل على تحقيق سيطرتها على البحر الأحمر، وهي تدعيم قواتها المسلحة وزيادة وتكثيف منظومتها الاستيطانية في النقب وشمال ميناء إيلات Eilat، وإنشاء علاقات ودية سياسية ودبلوماسية وعسكرية مع الدول المطلة عليها، وإن لم يتحقق ذلك فإنها لن تتردد في إثارة ودعم الحركات الانفصالية في الدول التي دخلت دائرة الصراع معها مثل السودان.

وقد توسعت أهداف "إسرائيل" لتشمل البحر الأحمر كله، خاصة بعد إغلاق مضيق باب المندب في حرب 1973، حيث طورت وجودها البحري، وحاولت ممارسة سيطرة عسكرية على باب المندب تنطلق من قواعد في بعض الجزر الصغيرة عند مدخل المضيق التي تخضع لسيطرة إريتريا، حيث وقّعت "إسرائيل" على اتفاقية عسكرية معها سمح لها بموجبها بالتواجد العسكري في بعض هذه الجزر.

ولتحقيق سيطرتها على البحر الأحمر اتجهت "إسرائيل" إلى تعزيز علاقاتها مع الدول الإفريقية الواقعة عليه من خلال أسس براجماتية للتعاون مع الدول الإفريقية في مرحلة مبكرة، يعقبها بعد ذلك التحرك لإضعاف العلاقات العربية الإفريقية تمهيداً لإحداث صدام عربي إفريقي يدفع في اتجاه تدعيم العلاقات الإسرائيلية الإفريقية. وفي هذا الإطار قامت "إسرائيل" بإمداد كل من أثيوبيا وكينيا بالسلاح والخبرات والمعدات الزراعية مقابل السماح لها باستخدام الموانئ وإقامة قواعد عسكرية ونقاط مراقبة من أجل أخذ المبادرة والتدخل ضدّ أية إجراءات عربية لفرض حصار على "إسرائيل"[15].

وفي هذا السياق استغلت "إسرائيل" الصراعات الإثنية في منطقة القرن الإفريقي من أجل تحقيق سياساتها في هذا المجال الحيوي، وبهدف فتح الجبهة الشرقية في إفريقيا أمام التغلغل الإسرائيلي لدعم أمنها الاستراتيجي في منطقة البحر الأحمر. ولذا ركز الإسرائيليون على دعم الحركة الانفصالية في جنوب السودان التي تعرف باسم حركة "أنانيا" Ananya، ثم واصلوا دعمهم للجيش الشعبي لتحرير السودان بقيادة جون قرنق، كما ساندوا نظام الباجندا Baganda في أوغندا ثم نظام الأمهرة Amhara

---

15 زكريا عبد الله، "أمن البحر الأحمر والأمن القومي العربي،" مجلة **شؤون عربية**، القاهرة، العدد 88، 1996، ص 162.

في أثيوبيا وزودوهم بالسلاح والتدريب العسكري، وعملوا على إقامة علاقات حديثة مميزة مع قبائل الكامبا Kamba والكيليوي في إطار مزاولة الاستثمار الإسرائيلي في ممباسا ونيروبي[16].

إن وجود "إسرائيل" في منطقة البحر الأحمر يمكنها من ترتيب الأوضاع بما يخدم المصالح الإسرائيلية والأمريكية، فكما ساندت "إسرائيل" الأطماع الأثيوبية في جيبوتي، وعملت على إقناع الرأي العام العالمي بأخطار استقلال جيبوتي على الملاحة الدولية في البحر الأحمر، مما أدى إلى تأجيل استقلالها، فقد أيدت أيضاً، وبنفس المنطق، الدولة الأثيوبية في صراعها مع الصومال، وأوعزت لإريتريا باحتلال جزيرتي حنيش، وأيدت حركة التمرد في جنوب السودان، بالإضافة إلى دورها المثير للقلق في دول حوض النيل.

فتحت "إسرائيل" في 1993/3/15، سفارة لها في أسمرا قبل الإعلان الرسمي لاستقلال إريتريا في 1993/4/27، والتي تتميز بوجود 360 جزيرة فيها، وقام رئيسها أسياس أفورقي Isaias Afwerki بزيارة "إسرائيل" سنة 1996 وتوقيع اتفاقية لتعزيز التعاون الأمني والعسكري بين البلدين؛ تضمنت إقامة ستة قواعد عسكرية إسرائيلية في أسمرا ودتكاليا وسنهين وحالب وفاطمة ودهلك، واستخدمت الأخيرة كقاعدة تجسس للموساد Mossad على اليمن والسعودية والسودان وجزر حالب وفاطمة؛ ودهلك تقع في المدخل الجنوبي للبحر الأحمر بامتداد طوله 1,080 كم^2، ووجود "إسرائيل" فيها، وفق اعتقادها، سيمكنها من تفادي أي توجه عربي لحصارها بحرياً في حالة نشوب أي نزاع معها، وسيحول دون تحول البحر الأحمر إلى بحيرة عربية[17].

3. إضعاف التأييد الإفريقي للقضايا العربية:

بعد أن نالت معظم الأقطار الإفريقية استقلالها وانضمت إلى الأمم المتحدة، وصارت تشكل كتلة صوتية لها وزنها في المحافل الدولية، سعت "إسرائيل" لكسب تأييد الدول الإفريقية، وفي هذا الصدد يقول أبا إيبان Abba Eban وزير الخارجية الإسرائيلي الأسبق:

[16] **المرجع نفسه.**

[17] سامي عبد القوي، "نظام أسياسى أفورقي وتطور العلاقة مع إسرائيل،" **ملف الأهرام الاستراتيجي**، مركز الدراسات السياسية والاستراتيجية، القاهرة، العدد 138، حزيران/ يونيو 2006، ص 71.

كانت إسرائيل في مسيس الحاجة إلى إنشاء علاقات مع إفريقيا، تضمن منح أصوات التأييد لإسرائيل في المحافل الدولية، فلم يكن يكفي أن تعتمد إسرائيل على الفيتو الأمريكي والبريطاني والفرنسي في مجلس الأمن الذي يعتبر الهيئة التنفيذية للمنظمة الدولية، فقد كنا نحتاج إلى أصوات عشرات الدول الأخرى لكي تحول دون تدهور مركزنا وعزلتنا في الجمعية العامة للأمم المتحدة.

ومن هنا بادرت "إسرائيل" بعرض المساعدات الاقتصادية والفنية والاجتماعية على الدول الإفريقية بدعوى تنميتها، وقد لاقت هذه الدعوة ترحيباً من جانب الأقطار الإفريقية، وأسهمت هذه المساعدات وما ترسله "إسرائيل" من خبراء ومستشارين تحت ستار تنمية وتحسين أوضاع في تمهيد السبيل أمام التغلغل الإسرائيلي في أكثر من ثلاثين دولة إفريقية[18].

تسعى "إسرائيل" من خلال دورها المتنامي في إفريقيا إلى إضعاف التأييد الإفريقي للقضايا العربية، وكسب الرأي العام الإفريقي إلى جانبها، خاصة في قضايا الصراع الإسرائيلي، الأمر الذي قد يفقد العرب رصيداً كبيراً من التأييد السياسي لهم، بحكم الثقل التصويتي لدول القارة في المنظمات الدولية، فعلى سبيل المثال، نجد أنه على الرغم من العدوان الإسرائيلي على مصر وسورية سنة 1967، كانت الأغلبية الإفريقية مع الموقف الإسرائيلي في ذلك الوقت.

وحينما ناقشت القمة الإفريقية في كينشاسا أمر العدوان الإسرائيلي، كان ذلك يتم على استحياء، واكتفت القمة بتشكيل لجنة الحكماء الأفارقة للتعرف على وجهات نظر أطراف الصراع. وعلى الرغم من المقاطعة الدبلوماسية الإفريقية لـ"إسرائيل" عقب حرب تشرين الأول/ أكتوبر 1973، إلا أن ذلك لم يمنع تدفق العلاقات الاقتصادية والتجارية بين "إسرائيل" والدول الإفريقية في السر والعلن، وكذلك ما حدث من تدافع للدول الإفريقية نحو إعادة العلاقات مع "إسرائيل" عقب مؤتمر مدريد 1991.

ولا يمكن أن نغفل في هذا السياق أن عدد الدول الإفريقية التي وافقت على قرار مساواة الصهيونية بالعنصرية سنة 1975 في إطار الأمم المتحدة، لم يزد عن 28 دولة، في حين عارضته 5 دول إفريقية، وامتنعت 10 دول عن التصويت. وهو ما يوحي بأنه حتى في ظلّ المقاطعة العربية لـ"إسرائيل" بعد حرب تشرين الأول/ أكتوبر 1973،

---

[18] إدريس جالو، التغلغل "الإسرائيلي" في إفريقيا.

اتخذت 17 دولة إفريقية مواقف متباينة في غير صالح القرار، بما يشير إلى عظم النفوذ الإسرائيلي داخل إفريقيا[19].

هدفت "إسرائيل" من خلال علاقاتها مع الدول الإفريقية خاصة في عقد الستينيات إلى الحصول على تأييدها في الأمم المتحدة بجانب الأهداف الاقتصادية والأمنية وعبر عن ذلك الاتجاه لتعزيز العلاقة مع النظام العنصري في جنوب إفريقيا بعد تردي علاقة "إسرائيل" مع معظم الدول الإفريقية خلال عقد السبعينيات[20].

كانت إفريقيا ساحة للمعركة بين "إسرائيل" والدول العربية خاصة في أول عقدين من نشأة الأولى، حيث لم تكن الولايات المتحدة حليفاً قوياً لـ"إسرائيل" يمكن الاعتماد عليه، والتي حرصت على كسب أصوات الدول الإفريقية حتى الصغيرة منها مثل توغو لصالحها في التصويت في الجمعية العامة للأمم المتحدة United Nations General Assembly (UNGA). فـ"إسرائيل" كان لها صوتاً واحداً في الأمم المتحدة ولم يكن لها أي صوت في منظمة الوحدة الإفريقية بينما كان للعرب 18 تمثيلاً فيها. ومن هنا، فإن الأهمية الإفريقية من حيث حجم أصواتها لم تكن غائبة عن "إسرائيل"، ولعل هذا ما جعل رئيس الوزراء الإسرائيلي الأسبق ديفيد بن جوريون يؤكد على أن "...الدول الإفريقية ليست غنية ولكن أصواتها في المحافل والمؤسسات الدولية تعادل في القيمة تلك الخاصة بأمم أكثر قوة..."[21].

4. محاولة الربط الأيديولوجي والحركي بين "إسرائيل" وإفريقيا:

تركز "إسرائيل" على عملية الربط الأيديولوجي والحركي بين الصهيونية وحركة الجامعة الإفريقية والزنوجية وبعض الجماعات الوظيفية في القارة، وذلك بالإشارة إلى إن كلا العنصرين له ماضٍ مؤلم ممتد، ما يدفع إلى الاعتقاد بأن سياسة "إسرائيل" في إفريقيا تعد تطلعاً لا لحماية الشعب اليهودي فقط، بل لمساعدة الأفارقة (الزنوج) الذين تعرضوا للاضطهاد.

---

19 محمود أبو العينين وآخرون، التقرير الاستراتيجي الإفريقي 2001-2002م، ص 354.

20 **אפריקה נגב, הצד האפריקאי של ישראל/ חלק א**, 2007/5/7، http://www.e-mago.co.il/phorum/read-6-35551-35551.htm، والمقال باللغة العبرية وترجمته: أفريكا نيغيف، الجانب الإفريقي لإسرائيل، الجزء الأول، 2007/5/7، انظر: http://www.e-mago.co.il/phorum/read-6-35551-35551.htm

21 Samuel Decalo, Israel and Africa: The Politics of Cooperation, A study of Foreign Policy and Technical Assistance, Ph.D. dissertation, University of Pennsylvania, 1970.

ويعدّ الأسقف إلكسندر وولترف، وهو أسقف في كنيسة صهيون الميثودية الإفريقية الأسقفية The African Methodist Episcopal Zion Church (AME Zion Church) السند الأساسي لهنري سلفستر وليامز Henry Sylvester Williams، وهو أفرو-أمريكي، وكان من أوائل الداعين إلى فكرة الوحدة الإفريقية التي تُوجت بالاتحاد الإفريقي، ووصل الأمر بالحركة الصهيونية أنها موَّلت أول مؤتمر للجامعة الإفريقية أو فكرة الجامعة الإفريقية في لندن، التي عقدت خمسة مؤتمرات، أولها سنة 1900 وآخرها سنة 1945، ووصل الأمر إلى أبعد من ذلك، في الحديث عن أن فكرة الجامعة الإفريقية هي نوع من الصهيونية السوداء، فقد شُبه ماركوس جارفي Marcus Garvey، أحد الزنوج الأمريكيين وأحد دعاة حركة الجامعة الإفريقية، بأنه النبي موسى الأسود[22].

وبدأت عملية الربط بين الفكر الصهيوني وفكر الجامعة الإفريقية بالحديث عن فكرة العودة، والزعم بخضوع كل من اليهود والأفارقة (الزنوج) لاضطهاد مشترك، فكلاهما ضحايا للاضطهاد وللاثنين ماضٍ مؤلم، وأنهما من ضحايا التمييز العنصري، وبينهما بالتالي تفاهم متبادل، ويزيد من تلاقي تطلعاتهما أن لهم جذوراً ممتدة في ماضيين متشابهين جوهراً، وبالتالي فإن سياسة "إسرائيل" في إفريقيا تعدّ تطلعاً أصبح يتمثل في الرغبة الإسرائيلية في مساعدة الذين عانوا المآسي كالشعب اليهودي[23].

ويؤكد موسى ليشم، والذي كان رئيساً للإدارة الإفريقية في الخارجية الإسرائيلية، على أن العلاقات القوية التي تطوَّرت بين "إسرائيل" وإفريقيا إنما تتصل بالروابط التي قامت بين اليهود والإفريقيين، فجذور التعاطف بينهما تتمثل أساساً في أن المدنية السائدة اعتبرت اليهود والزنوج أجناساً منحطة على حدّ سواء، وأن التجربة التاريخية والنفسية متشابهة بينهما، وتمثَّلت في تجارة الرقيق وذبح اليهود، وهذا التماثل ليس ذا طبيعة تاريخية أو مجردة فقط، ولكنه يتأكد من خلال التطلع اليهودي لتجديد ما أسماه وجودهم القومي، وكذلك من خلال كفاح الإفريقيين للتعبير عن أنفسهم في ظلّ الاستقلال، أي من خلال رغبة كل من الشعبين في حفظ قيمه الثقافية[24].

---

22 قناة الجزيرة الفضائية، "برنامج بلا حدود،" مقدم الحلقة: أحمد منصور، عنوان الحلقة: الاختراق الإسرائيلي لإفريقيا ومخاطره على الأمن القومي العربي، ضيف الحلقة: د.إبراهيم نصر الدين، 2002/10/30.

23 يشوع رش، **إسرائيل وإفريقيا، من الفكر الصهيوني المعاصر** (بيروت: مركز الأبحاث، منظمة التحرير الفلسطينية، 1986)، ص 407.

24 محمد العويني، **سياسة إسرائيل الخارجية في إفريقيا** (القاهرة: المطبعة الفنية الحديثة، 1972)، ص 330.

وكانت "إسرائيل" قد طرحت رسمياً منذ حزيران/ يونيو 2002 أمام لجنة التراث العالمي في منظمة الأمم المتحدة للتربية والعلم والثقافة (اليونسكو) UNESCO "مشروع الأخدود الإفريقي العظيم"، وهو مشروع يهدف في ظاهره إلى التعاون الثقافي بين الدول التي تشكل الأخدود الممتد من وادي الأردن حتى جنوب إفريقيا. أما في الجوهر فإن "إسرائيل" تهدف إلى الظهور بمظهر ثقافي وتقدمي من أجل استمرار اختراقها لإفريقيا بوسائل متجددة لتطويق العالم العربي من جانب، ووضع قضية القدس في إطار ثقافي جغرافي يبعدها عن الصراع السياسي الدائر مع الفلسطينيين والعالم العربي.

ويناقض المزاعم الإسرائيلية للربط الأيديولوجي والحركي بين الصهيونية والزنوجية الإفريقية علاقة الحركة الصهيونية و"إسرائيل" بالاستعمار الغربي الذي أفسح المجال أمام الأخيرة للقيام بنشاط واسع، فضلاً عن بناء أسس قوية لعلاقاتها مع الدول الإفريقية، فتمكنت "إسرائيل" في أثناء وجود السلطة الاستعمارية وبتشجيعها من دراسة الظروف المختلفة للقارة مما سهل عليها فور إعلان استقلال الدول الإفريقية سرعة اقتحامها والتغلغل فيها. وقد أسهمت كل من بريطانيا وفرنسا بدور كبير في تمهيد الطريق للتغلغل الإسرائيلي في المستعمرات الإفريقية التي كانت تحت سيطرة كل منها. فقامت بريطانيا بالتمهيد لـ"إسرائيل" في تنجانيقا (تنزانيا) وسيراليون, كنقطة ارتكاز في المستعمرات البريطانية في إفريقيا, فأقامت لها قنصليات فخرية في هذه المستعمرات قبل استقلالها تحولت إلى سفارات إسرائيلية بعد الاستقلال. أما فرنسا فقد منحت "إسرائيل" حرية العمل في ميناءي جيبوتي بالصومال وداكار بالسنغال لدعم نشاطها، وسمحت لها بإقامة علاقات وثيقة مع مستعمراتها في غرب إفريقيا, كما حدث في ساحل العاج.

وقد أسهم الدعم الاستعماري لـ"إسرائيل" أيضاً في عرقلة الاتصالات والتقارب العربي الإفريقي, وفي السماح لـ"إسرائيل" بالتستر في ظلّ منظماته واحتكاراته، كما دعمها تمويلياً عن طريق البنوك والاحتكارات الكبرى. وقد عقدت "إسرائيل" مع فرنسا عدة اتفاقات تمويلية وتجارية بهدف تأمين حرية تجارة, ومعاملتها مع المستعمرات الفرنسية السابقة في غرب إفريقيا ضمن التكتلات التي تربطها بفرنسا, ومن أجل منحها معاملة أفضل لصادراتها ووارداتها. كما قامت "إسرائيل" بعقد اتفاقيات مماثلة مع بريطانيا لتطبيقها على الدول الإفريقية التي كانت خاضعة للنفوذ البريطاني. ولم تكتف "إسرائيل" باستغلال التسهيلات الاستعمارية البريطانية والفرنسية والبرتغالية

والبلجيكية ولا بالأموال الأمريكية والألمانية، بل امتد نشاطها إلى المعونات والقروض التي قدمتها الدول الأوروبية الصغرى لدول القارة مثل السويد والدانمرك وسويسرا، فقامت بتوظيف أموالها في مشروعات مشتركة تحت إدارتها وإشرافها[25].

5. تدعيم العلاقات الاقتصادية والتجارية مع الدول الإفريقية:

عملت "إسرائيل" على تدعيم علاقاتها الاقتصادية والتجارية مع الدول الإفريقية، وفتح أسواق إسرائيلية بها لاستثمار طاقاتها وإمكانياتها الإنتاجية والفنية، على نحو يؤدي إلى تحقيق مكاسب اقتصادية، مع زيادة التبادل التجاري وضمان مورد مهم للخامات، وإيجاد مجالات عمل جديدة للخبرات الفائضة لدى "إسرائيل".

وقد ركزت "إسرائيل" في علاقاتها الاقتصادية واستثماراتها المباشرة في إفريقيا على قطاعات اقتصادية محددة، فإلى جانب امتلاك وإدارة بعض المزارع، نجد أن "إسرائيل" استهدفت السيطرة على قطاع الصناعة الاستخراجية، حيث ركزت استثماراتها في استغلال الثروات الطبيعية الإفريقية وأهمها الماس في كل من الكونغو الديموقراطية وسيراليون وغانا وإفريقيا الوسطى واليورانيوم Uranium في النيجر، وإلى جانب الاستثمار المباشر الإسرائيلي في هذه الصناعات بشكل منفرد، فإنها قد لجأت إلى الدخول في مشاركة مع رأس المال الأجنبي الوافد إلى الدول الإفريقية بما لا يفوت عليها فرصة الاستثمار في تلك الصناعات الحيوية. وتأتي أهمية الاستثمار في النشاط التعديني، أن هذه المعادن تمثل موارد اقتصادية قابلة للنفاد، فضلاً عن المحدودية النسبية للمعروض منها على المستوى العالمي، وأن المضاربة على المعادن النفيسة في أسواق المال العالمية في ظلّ وجود وفرة نسبية منها في "إسرائيل" بالإضافة إلى السيطرة المباشرة على الاستخراج من الحقول الإفريقية يمكن أن يحقق معه أرباحاً عالية[26].

وتأتي مجالات الاستثمار المشترك مع رأس المال الغربي في مجالات استخراج القصدير في الكاميرون، الكروم Chromium في سيراليون، الكوبالت Cobalt في الكونغو الديموقراطية، البوكسيت Bauxite في الكاميرون، الرصاص والزنك Zinc في الكونغو، وهو ما يفسر اهتمام "إسرائيل" البالغ بالأسواق الخارجية ومنها الأسواق الإفريقية.

[25] مجدي حماد، إسرائيل وإفريقيا، دراسة في إدارة الصراع الدولي (القاهرة: دار المستقبل العربي، 1986)، ص 50.

[26] محمود أبو العينين وآخرون، التقرير الاستراتيجي الإفريقي 2001-2002م، ص 365.

وعلى الرغم من تضاؤل الأهمية النسبية لإفريقيا في تجارة "إسرائيل" الخارجية، فإن ذلك لا يعني عدم الأهمية لإفريقيا بالنسبة لـ"إسرائيل"، حيث يمكن تبرير ذلك بعوامل عديدة أهمها انخفاض القدرة الشرائية الداخلية للدول الإفريقية، إلا أن تجارة "إسرائيل" تتم مع بعض الدول الإفريقية بشكل غير معلن.

اتجه معدل التغطية الصادرات - الواردات لصالح "إسرائيل" في تجارتها مع إفريقيا، حيث بلغت نسبة التغطية 6.87% سنة 1994، بينما بلغت هذه النسبة 122% سنة 1997. وفي سنة 2000 بلغت هذه النسبة 146%، وزادت في سنتي 2002 و2003 إلى ما يقترب من 148%، أي أن ميزان التجارة الإسرائيلي - الإفريقي يتجه في صالح "إسرائيل"[27].

وتحتل جنوب إفريقيا المركز الأول في علاقات "إسرائيل" التجارية مع إفريقيا تليها مصر وكينيا، بالإضافة إلى ظهور دول إفريقية كمصدر للواردات الإسرائيلية مثل الغابون دون ظهورها كسوق للصادرات، في حين تظهر دول أخرى كسوق للصادرات الإسرائيلية مثل: موريتانيا وتنزانيا دون أن تكون مصدراً للواردات الإسرائيلية.

الملاحظة الأكثر أهمية في هذا المجال هو الحجم الكبير نسبياً للصادرات الإسرائيلية لدول إفريقيا غير المصنفة أو أخرى، فقد بلغت صادرات "إسرائيل" لإفريقيا 24.7% سنة 1994، و16.2% سنة 2000، ويعني ذلك أن صادرات "إسرائيل" مع الدول الإفريقية غير المعلنة يفوق صادراتها إلى كل الدول الإفريقية الواردة بالجدول باستثناء جنوب إفريقيا، ومصر، وكينيا وهو ما يشير إلى أن جزءاً كبيراً من صادرات "إسرائيل" لإفريقيا تتم مع جهات غير معلنة. ويمكن تفسير ذلك بوجود علاقات تجارية وطيدة مع بعض الدول الإفريقية غير المعلنة، وأن هذه التجارة غالباً ما تشتمل على سلع ذات طبيعة استراتيجية وأمنية كالسلاح والتي تمثل جانباً هائلاً من تجارة "إسرائيل" مع القارة الإفريقية[28].

---

[27] رفعت سيد أحمد، الموساد يخترق السودان مهدداً عروبته!! (قضيتا الجنوب ودارفور أنموذجاً)، مجلة العصر الالكترونية، 2007/9/23، انظر:

http://www.alasr.ws/index.cfm?method=home.con&contentID=9446&keywords,%20%=C7%E1%E3%E6%D3%C7%CF,%E6%C7%E1%D3%E6%CF%C7%E4

[28] محمود أبو العينين وآخرون، التقرير الاستراتيجي الإفريقي 2001-2002م، ص 367.

وقد وصل تغلغل "إسرائيل" الاقتصادي في بعض الدول إلى درجة حصولها على امتيازات البحث عن البترول في بعض الدول الإفريقية وتأسيسها عدة شركات على أنها إفريقية، مثلما تمّ في أثيوبيا؛ حيث قامت بتأسيس أربعين شركة وسجلتها على أنها أثيوبية، كما كانت تلجأ إلى طرق التوائية مع الدول التي رفضت الاعتراف بها ومن ثم التعامل معها كالصومال وكما يحدث مع جيبوتي، حيث تسعى "إسرائيل" للتواجد في جيبوتي من خلال وجود خبراء يهود فرنسيين يدينون لـ"إسرائيل" بالولاء ومن خلال عناصر من المخابرات الإسرائيلية تحت ستار مناسب. ووصلت درجة تغلغها في بعض الدول الإفريقية إلى حدّ احتكارها لتجارة المحصولات ولأسواق استهلاكها للعديد من السلع، حيث احتكرت "إسرائيل" أسواق المنتجات الغذائية وعصير الفاكهة في أثيوبيا ومحصول البن في أوغندا، واحتكرت شركة إسرائيلية كذلك تصدير السمك في إريتريا، حيث تبلغ الكمية المصدرة نحو 25 ألف طن في السنة وينتظر أن تتصاعد لاحقاً إلى 80 ألف طن سنوياً[29].

ثانياً: مراحل العلاقات الإفريقية - الإسرائيلية:

مرت العلاقات الإفريقية الإسرائيلية بأربع مراحل على النحو الآتي:

1. مرحلة التأسيس والازدهار (1948-1967):

حتى منتصف الخمسينيات من القرن الماضي، لم يكن لـ"إسرائيل" أي نشاط ملحوظ في القارة الإفريقية لانشغالها بمشكلاتها الداخلية في تلك الفترة، وعلاقاتها مع جيرانها العرب المباشرين في مرحلة النشأة، لذلك تركزت العلاقات الإسرائيلية في هذه الفترة بدرجة كبيرة مع ليبيريا، ثالث دولة في العالم تعترف بـ"إسرائيل"، وبدرجة أقل مع أثيوبيا. ثم بدأت العلاقات الإسرائيلية مع إفريقيا بعد منتصف الخمسينيات في النمو، خاصة بعد مؤتمر باندونج سنة 1955، الذي كان ضربة مباشرة موجهة لـ"إسرائيل". وبعد الانسحاب الإسرائيلي من سيناء على إثر فشل عدوان سنة 1956، وما تبع ذلك من فتح مضيقي تيران والعقبة أمام الملاحة الإسرائيلية، طورت "إسرائيل" علاقاتها

[29] نادية سعد الدين، **مرجع سابق**، ص 43-44.

مع ليبيريا سنة 1955، بتأسيس شركات للبناء والتشييد والاستثمار، كما اعترفت باستقلال غانا سنة 1957، وأقامت سفارة لها في أكرا[30].

كما كثفت "إسرائيل" من إقامة العلاقات الدبلوماسية مع الدول الإفريقية المستقلة، حيث ارتفع عدد البعثات الإسرائيلية من 6 بعثات سنة 1960 إلى 23 بعثة سنة 1963. هذا بالإضافة إلى الزيارات المتبادلة الكثيرة التي شهدتها تلك الفترة بين قادة "إسرائيل" وزعماء إفريقيا.

وقد تعمقت في هذه المرحلة العلاقات في منطقة شرق إفريقيا، وتمّ توقيع المزيد من اتفاقيات التعاون المشترك خاصة كينيا وتنزانيا اللتين أصبحتا مواقع متقدمة لـ"إسرائيل" في إفريقيا الشرقية يقابلان غانا وليبيريا في إفريقيا الغربية[31].

كما ازدهرت علاقات التعاون في الميادين كافة سواء الاقتصادية والعسكرية والفنية، مما انعكس على المساندة الإفريقية لـ"إسرائيل" في مواجهة العرب في الأمم المتحدة إبان عدوان سنة 1967، ولم يتخذ الأفارقة موقفاً حاسماً مؤيداً للعرب، حيث أنه من بين 38 دولة إفريقية غير عربية في الأمم المتحدة في ذلك الوقت كانت هناك 16 دولة تؤيد "إسرائيل"، بينما أيدت 10 دول فقط الموقف العربي[32].

وصل النشاط الإسرائيلي في القارة لذروته سنة 1967، حيث نجحت "إسرائيل" في إقامة علاقات دبلوماسية مع 32 دولة إفريقية بالإضافة إلى تمثيل قنصلي فخري مع خمس مناطق أخرى كانت معظمها ما تزال مستعمرات. وبالمقابل أقامت 11 دولة إفريقية تمثيلاً دبلوماسياً لها في "إسرائيل"[33].

رأت "إسرائيل" في الانفتاح على إفريقيا وإقامة علاقات مع دولها فرصة لكسر دائرة العداء مع جيرانها العرب، ومن أجل ذلك أنشأت مركز التعاون الدولي الإسرائيلي - ماشاف Center for International Cooperation-MASHAV في

---

[30] سلطان حطاب، "إسرائيل في إفريقيا: دراسة لتطور العلاقات الإسرائيلية الإفريقية: 1975-1985،" مجلة **صامد الاقتصادي**، آذار - نيسان 1986، العدد 60، ص 79.

[31] كامل الشريف، **المغامرة الإسرائيلية في إفريقيا**، ط 2 (الرياض: الدار السعودية للنشر، 1975).

[32] محمود أبو العينين وآخرون، **التقرير الاستراتيجي الإفريقي** 2001-2002م، ص 352.

[33] عواطف عبد الرحمن، **إسرائيل وإفريقيا** 1948-1973 (بيروت: مركز الأبحاث، منظمة التحرير الفلسطينية، 1974)، ص 102.

وزارة الخارجية سنة 1958، الذي استطاع فتح ممثليات لـ"إسرائيل" في العديد من الدول الإفريقية[34].

وقد أسهمت مجموعة من المتغيرات الدولية والإقليمية في تكثيف الهجمة الإسرائيلية على إفريقيا، منها حصول عدد من الدول الإفريقية على استقلالها في الستينيات، ما أدى إلى زيادة قدرتها التصويتية في الأمم المتحدة حيث كان الصراع العربي الإسرائيلي من أبرز القضايا التي تطرح للتصويت، وإنشاء منظمة الوحدة الإفريقية سنة 1963، ما وضع تحدياً أمام "إسرائيل" حيث أنها لا تتمتع بالعضوية في هذا التجمع الأفرو-عربي، فيما أعطت عضوية مصر المزدوجة في كل من جامعة الدول العربية ومنظمة الوحدة الإفريقية فرصة إقامة تحالفات مع القادة الأفارقة الراديكاليين من أمثال كوامي نكروما Kwame Nkrumah وأحمد سيكو توري Ahmed Sékou Touré[35].

وبحلول منتصف عقد الستينيات، كانت "إسرائيل" قد أقامت علاقات دبلوماسية مع 33 دولة من أصل 35 دولة إفريقية سوداء على الرغم من أن 26 منها فقط كان لها سفراء مقيمين في "إسرائيل" وأبرمت اتفاقيات تعاون مع عشرين منها[36].

2. مرحلة التدهور والانكماش (1967-1982):

بدأ النشاط الإسرائيلي في إفريقيا بعد حرب سنة 1967 يتدهور ببطء حيث أخذ منحنى التغلغل الإسرائيلي في الانحدار مع بداية السبعينيات، ووصل لمنتهاه مع حرب تشرين الأول/ أكتوبر سنة 1973 وما تلاها، إذ قطعت سبع دول إفريقية علاقاتها بـ"إسرائيل" قبل حرب 1973، وهي غينيا، وأوغندا، والكونغو، وتشاد، ومالي، والنيجر، وبوروندي. ومع اشتعال حرب تشرين الأول/ أكتوبر سنة 1973، بلغ عدد الدول الإفريقية التي قطعت علاقاتها بـ"إسرائيل" 42 دولة، أي جميع الدول الأعضاء في

---

[34] התפתחות יחסי החוץ של ישראל 1948 עד2003،
http://www.mfa.gov.il/MFAHeb/General+info/About+us/foreign_relation.htm
والمقال باللغة العبرية وترجمته: تطور العلاقات الخارجية لإسرائيل بين سنتي 1948-2003، انظر:
http://www.mfa.gov.il/MFAHeb/General+info/About+us/foreign_relation.htm

[35] حمدي عبد الرحمن، "الاختراق الإسرائيلي لإفريقيا وانعكاساته على الأمن العربي،" مجلة دراسات **شرق أوسطية**، العدد 19-20، 2002، ص 29.

[36] Ethan A. Nadelmann, Israel and Black Africa: A Rapprochement, The Journal of Modern African Studies, vol. 19, no. 2, 1981, pp. 183-219.

منظمة الوحدة الإفريقية آنذاك، فيما عدا جنوب إفريقيا، بطبيعة الحال، والدولة المرتبطة معها بعلاقات خاصة وهي: مالاوي، وليسوتو، وسوازيلاند[37].

وحين تحقق الانتصار المصري والعربي في حرب تشرين الأول/ أكتوبر سنة 1973، اشتعل حماس الأفارقة، وأثر ذلك بالفعل على توجيه موقفهم لصالح العرب إذ قاطعوا "إسرائيل" سياسياً ودبلوماسياً، وكان لهذا الموقف انعكاس على أعداد الطلاب الأفارقة الدارسين لدى "إسرائيل"، إذ انخفضت أعدادهم بصورة ملحوظة. ولكن مع هذا، تجدر الإشارة إلى أن انقطاع العلاقات الدبلوماسية لم يؤثر على العلاقات التجارية الإسرائيلية لإفريقيا، حيث ازدادت قيمة التبادل التجاري من 30.7 مليون دولار سنة 1973 إلى110 ملايين دولار سنة 1980، وفي الفترة ما بين 1973 إلى 1978 تضاعف التبادل التجاري من 54.8 إلى 104.3 ملايين دولار, وتركزت التجارة على قطاعي الزراعة والتكنولوجيا[38].

لم يؤد قطع العلاقات الدبلوماسية لمعظم الدول الإفريقية بعد حرب 1973 مع "إسرائيل" إلى قطع كل أشكال العلاقات معها، حيث انبثقت صلات جديدة وتوسعت بعض دوائر العلاقات عما كانت عليه سابقاً, وتراكمت شبكة علاقات معقدة على الرغم من انقطاع العلاقات الدبلوماسية. فتوسعت العلاقات التجارية والاقتصادية بسرعة مع كينيا وزائير والغابون وغانا ونيجيريا وتنزانيا وليبيريا ليتضاعف التبادل التجاري إلى ثلاثة حتى أربع مرات، وصدّرت "إسرائيل" مواد زراعية لتلك الدول بجانب معدات طبية ومواد صناعية وإلكترونية مقابل استيراد منتجات زراعية خاصة الخشب والكاكاو والقطن من تلك الدول[39].

وقد شهدت هذه المرحلة حملة عربية نجحت في عزل "إسرائيل" ووصفها بالعنصرية ومساواتها بالنظام العنصري في جنوب إفريقيا، واستفادت الحملة العربية من المواقف والسياسات الإسرائيلية في إفريقيا، منها الدعم الإسرائيلي للحركات الانفصالية الإفريقية على شاكلة بيافرا Biafra في نيجيريا وجنوب السودان وتأييد نظام التفرقة العنصرية في جنوب إفريقيا، وقد صوَّت لصالح القرار عشرون دولة إفريقية من غير

[37] נעומי חזן, ישראל באפריקה. הדיפלומטיה בצל עימות, 611.
والكتاب باللغة العبرية وترجمته: نعومي حزان، مرجع سابق، ص 611.

[38] محمود أبو العينين وآخرون، التقرير الاستراتيجي الإفريقي 2001-2002م، ص 352.

[39] חזן, ישראל באפריקה. הדיפלומטיה בצל עימות, 608.
والكتاب باللغة العبرية وترجمته: نعومي حزان، مرجع سابق، ص 608.

الأعضاء فى جامعة الدول العربية باستثناء الصومال وموريتانيا، كما عارض القرار خمس دول فقط، بينما امتنع عن التصويت اثنتا عشرة دولة. وليس بخافٍ أن هذين المثالين يعكسان بجلاء الدور الإفريقي في الجمعية العامة للأمم المتحدة وهو ما ظهر مرة أخرى عند إلغاء هذا القرار سنة 1991[40].

لقد ارتبط التدهور في هذه المرحلة بالصراع العربي الإسرائيلي وتطوراته، ولم تنجح "إسرائيل" في إدخال تغيير جوهري في سياساتها الخارجية فيما يتعلق بالأراضي الفلسطينية المحتلة. وكان تعديل "إسرائيل" سياساتها على صعيد علاقاتها مع الدول الإفريقية بسيطاً، تعلق بإدخال تحسينات على برامج الدعم التي تقدمها لبعض الدول الإفريقية التي لم تقطع علاقاتها مع "إسرائيل" أو تلك التي حافظت على علاقات غير معلنة معها[41].

3. مرحلة بداية العودة (1982-1991):

بدأت إرهاصات هذه المرحلة بعد التوقيع المصري على اتفاقية كامب ديفيد Camp David Accord سنة 1978، ومعاهدة السلام مع "إسرائيل" في آذار/ مارس 1979، والتي أنهت حالة الحرب بين البلدين، وأقرّت بحق "إسرائيل" في حدود آمنة، إذ تهيأت لـ"إسرائيل" بفضل هذه الخطوة ظروف أفضل للحركة في الممرات الدولية وخاصة البحر الأحمر، بالإضافة إلى إمكانية كسر العزلة على المستوى الإفريقي.

وفي هذه الأثناء برز تيار بين الدول الإفريقية يدعو لإعادة العلاقات مع "إسرائيل" والتي قد تعطلت بسبب الاجتياح الإسرائيلي للبنان في حزيران/ يونيو 1982. وتجدر الإشارة إلى أن هناك بعض الدول التي أعادت العلاقات مع "إسرائيل" مثل ليبيريا وساحل العاج والكاميرون[42].

ومع ردّ الفعل العربي المتمثل في سحب السفراء العرب من العاصمة الزائيرية كينشاسا (الكونغو الديموقراطية حالياً) وإيقاف المصرف العربي للتنمية الاقتصادية كل معاملاته مع زائير، وتحذير ليبيريا من إمكانية عزلها اذا فتحت سفارة لها

---

[40] محب الدين شرابي، **الوجود الإسرائيلي والعربي في إفريقيا** (القاهرة: دار المعارف، 1983)، ص 204-205.

[41] Susan Aurelia Gitelson, Israel's Africa Setback in Perspective (Jerusalem: Hebrew University of Jerusalem, Leonard Davis Institute for International Relations, 1974), pp. 5-27.

[42] عادل الجادر، **العلاقات الإسرائيلية الإفريقية** (عمّان: دار الكرمل للنشر، 1988)، ص 53.

في القدس، حينذاك بدأت الدول الإفريقية تفكر جدياً في عواقب إعادة العلاقات الدبلوماسية مع "إسرائيل"، باستثناء بعض الدول التي أعادت علاقاتها مثل كينيا سنة 1988، وإفريقيا الوسطى وأثيوبيا سنة 1989. ظلت الدول الإفريقية ملتزمة بالمقاطعة الدبلوماسية لـ"إسرائيل"، على الأقل على المستوى الرسمي، وكذلك على المستوى الجماعي الذي عبرت عنه منظمة الوحدة الإفريقية، حيث اعتبر الأفارقة أن القضية الفلسطينية، وحقّ الشعب الفلسطيني في تقرير مصيره، شرط أساسي لإعادة العلاقات مع "إسرائيل". ولذلك انتهى عقد الثمانينيات، ولم يكن لـ"إسرائيل" تمثيل دبلوماسي إلا في عشرة دول إفريقية "5 دول على مستوى السفراء، و5 دول على مستوى مكاتب لرعاية المصالح"[43].

4. مرحلة العودة الإسرائيلية الواسعة إلى إفريقيا (1991-2002):

مع انعقاد مؤتمر مدريد للسلام في تشرين الأول/ أكتوبر سنة1991، شهدت العلاقات الإفريقية الإسرائيلية دفعة قوية، إذ نجحت "إسرائيل" في استعادة علاقاتها الدبلوماسية مع الدول الإفريقية بداية من أنجولا سنة 1992، ثم نيجيريا، وبنين، وتوجو، وجامبيا. وعلى الرغم من توقف الهرولة الإفريقية نحو استعادة العلاقات مع "إسرائيل"، نتيجة للتعنت الإسرائيلي في مفاوضات السلام خاصة على المسار السوري اللبناني، إلا إن توقيع اتفاق إعلان المبادئ أوسلو Oslo Agreement مع الفلسطينيين في 1993/9/13، أسهم في استئناف العلاقات مرة أخرى، إذ استطاعت "إسرائيل" استعادة العلاقات مع روندا في تشرين الأول/ أكتوبر سنة 1994، ثم ساوتومي، وبرنسيب، وبتسوانا، وبوركينا فاسو، وناميبيا، ومدغشقر، وموزمبيق، إلى أن نجحت في استعادة علاقاتها مع 44 دولة إفريقية على مستويات دبلوماسية مختلفة (سفارة – قنصلية - مكتب اتصال ورعاية مصالح)، وذلك حتى أيار/ مايو 2002. وهكذا نجحت "إسرائيل" في إعادة العلاقات مع معظم دول القارة، بما فيها دول حوض النيل وشرق إفريقيا، فيما عدا السودان والصومال وجيبوتي وبعض دول المغرب العربي الخاصة بالعلاقات الدبلوماسية، كما تمكنت من حشد التأييد اللازم لإلغاء قرار الجمعية العامة الصادر سنة 1975 للأمم المتحدة بشأن تشبيه الصهيونية بالعنصرية وذلك سنة 1991[44].

---

[43] محمود أبو العينين وآخرون، التقرير الاستراتيجي الإفريقي 2001-2002م، ص 352.

[44] المرجع نفسه.

بلغ عدد الدول الإفريقية التي ترتبط "إسرائيل" بتمثيل مقيم معها بدرجة سفير 11 دولة، وبتمثيل غير مقيم 31 دولة، وعدد الدول الإفريقية التي ترتبط بعلاقات على مستوى مكتب رعاية مصالح دولة واحدة، وعلى مستوى مكتب اتصال دولة واحدة أيضاً، وذلك حتى سنة 2004، بما يعني أن هناك 44 دولة إفريقية تقيم أشكال مختلفة من العلاقات مع "إسرائيل"[45].

يمكن إرجاع عودة العلاقات بين "إسرائيل" وإفريقيا مرة أخرى إلى عدد من العوامل التي استجدت ما بين سنة 1991 وسنة 2002، منها التغييرات في النظام الدولي بسقوط القطب السوفييتي، وهيمنة الولايات المتحدة على النظام الدولي وانعكاساته الإقليمية بسقوط النظم الماركسية اللينينية في إفريقيا، والدخول في العملية التفاوضية بين العرب و"إسرائيل" منذ مؤتمر مدريد سنة 1991، وما تلا ذلك من توقيع اتفاقية أوسلو بين منظمة التحرير و"إسرائيل" سنة 1993، ثم اتفاقية وادي عربة بين "إسرائيل" والأردن سنة 1994[46].

الخلاصة:

كانت أهداف السياسة الإسرائيلية الخارجية تجاه إفريقيا ذات معالم واضحة في الاستفادة من موقعها الجغرافي للحفاظ على أمنها واستقرارها، ومنع استخدام الممرات البحرية في التوطئة لشن حروب عليها، وهو ما أدركت خطورته بعد إغلاق مضائق تيران أكثر من مرة من قبل مصر. كما استفادت "إسرائيل" من إفريقيا بما تحمله من مدخرات وثروات كامنة لم يكن النفط أو الماء آخرها، وقد برزت العديد من التحركات والمشاريع الإسرائيلية بهذا الصدد منذ بعيد.

في مراحل تأزم علاقاتها مع الدول الإفريقية نتيجة للحروب التي وقعت بينها وبين بعض الدول العربية، لم تأل "إسرائيل" جهداً للحفاظ على الحد الأدنى من العلاقات انتظاراً لمتغيرات تعيد العلاقات بالكامل معها، ومن هنا فإنه على الرغم من قطع 32

[45] محمود أبو العينين وآخرون، **التقرير الاستراتيجي الإفريقي 2006-2007م** (القاهرة: جامعة القاهرة، معهد البحوث والدراسات الإفريقية، مركز البحوث الإفريقية).

[46] حمدي عبد الرحمن، "إفريقيا وإسرائيل في عالم متغير: رؤية عربية،" **شؤون عربية، العدد** 181، 2001، ص 165.

دولة لعلاقاتها مع "إسرائيل" بعد حرب سنة 1974، فإن أشكالاً أخرى من العلاقات تواصلت مع معظم هذه الدول.

وظفت "إسرائيل" المتغيرات في النظامين الإقليمي والدولي لخدمة علاقاتها مع الدول الإفريقية، وكان واضحاً أنها في المرحلة التي بلورت فيها نظاماً تتمتع فيه حليفتها الولايات المتحدة بالسيادة، كان الانفتاح الإفريقي عليها واسعاً، كما أسهم النظام العربي الرسمي الذي بدأ في الاتجاه نحو الحل السياسي مع "إسرائيل" في مزيد من الانفتاح خاصة بعد مؤتمر مدريد سنة 1991 واتفاقية أوسلو سنة 1993.

الفصل الثاني

وسائل وأدوات تنفيذ السياسة
الخارجية الإسرائيلية في إفريقيا

وسائل وأدوات تنفيذ السياسة الخارجية الإسرائيلية في إفريقيا

المقدمة:

اتبعت "إسرائيل" وسائل عديدة للدخول إلى قلب المجتمعات الإفريقية بعدما استوعبت حاجات وتناقضات تلك المجتمعات خاصة في مرحلة ما بعد التحرر حيث كانت الدول الإفريقية تهتم بالتعمير وبناء اقتصادها وقواتها العسكرية. ومن هنا برز التغلغل التجاري والاقتصادي، وتقديم المساعدات العسكرية وتوثيق العلاقات مع تلك الدول من خلال الزيارات المتبادلة واستقبال الوفود التعليمية الإفريقية في المعاهد والجامعات والمراكز العلمية الإسرائيلية وهو ما سيتم شرحه في هذا الفصل.

وقد وقفت عدد من المؤسسات الإسرائيلية كأدوات في تنفيذ السياسة الخارجية الإسرائيلية تجاه إفريقيا وفي هذا الفصل سيتم تناول وزارة الخارجية الإسرائيلية والموساد والشركات والجامعات كجهات لعبت دوراً رئيسياً في التغلغل الإسرائيلي في إفريقيا الذي بدأ على مستوى منخفض عبر عملاء الموساد الإسرائيلي ليتطور إلى علاقات دبلوماسية تشرف عليها الخارجية الإسرائيلية وتلعب فيها الشركات التي انتشرت في كل الأقطار الإفريقية دوراً مهما في ترسيخها وتطويرها.

أولاً: وسائل تنفيذ السياسة الخارجية الإسرائيلية في إفريقيا:

1. التغلغل التجاري الاقتصادي:

يحتل الجانب الاقتصادي في استراتيجية "إسرائيل" للتغلغل في إفريقيا أهمية كبيرة، ذلك أنه يحقق للدولة العبرية مجموعة من الأهداف:

أ. فتح أسواق للمنتجات الإسرائيلية.

ب. الحصول على المواد الأولية اللازمة للصناعة الإسرائيلية.

ج. تشغيل فائض العمالة لديها من خبراء وفنيين في دول القارة.

وقد تبنت "إسرائيل" في استراتيجيتها هذه مجموعة من الآليات، منها:

أ. الحصول على امتيازات للبحث عن البترول في إفريقيا، وتأسيس عدة شركات على أنها إفريقية.

ب. تحويل مبالغ كبيرة من المال تحت أسماء تجار يهود يحملون جنسيات تلك الدول.

ج. وجود خبراء يحملون جنسيات دول أوروبية ويدينون لـ"إسرائيل" بالولاء.

د. احتكار تجارة بعض المحصولات والأسواق، استهلاك العديد من السلع، كاحتكار أسواق المنتجات الغذائية وعصير الفاكهة في أثيوبيا، ومحصول البن في أوغندا، ومحاصيل السمسم والفول السوداني وغيرها في عموم دول شرق إفريقيا.

هـ. اتباع سياسة إغراقية في تجارتها بغية كسب الأسواق، مثلما حدث مع كينيا وأثيوبيا حينما أغرقت أسواقهما بمختلف البضائع والسلع وكانت جميعها تستوردها بأسعار منخفضة من بلدان أخرى، وذلك بهدف سدّ الطريق أمام التعامل الإفريقي - الإفريقي، والإفريقي - العربي.

وتستهدف "إسرائيل" السيطرة على قطاع الصناعة الاستخراجية في القارة الإفريقية، مركزة في هذا المجال على استغلال الثروات الطبيعية كالماس في كلٍّ من الكونغو الديموقراطية وسيراليون وغانا وإفريقيا الوسطى، واليورانيوم في النيجر.

ويملك الإسرائيليون، اليوم، كبرى الشركات التي تتحكم في الاقتصاد الإفريقي كشركة أغريد أب للتطوير الزراعي التي تقوم باستصلاح الأراضي وإقامة المزارع وشركة ألرا وموتورولا Motorola وكون التجارية وسوليل بونيه Solel Boneh الفرع الخارجي، وكذلك شركة فنادق إفريقيا وغيرها[1].

حصدت "إسرائيل" إثر ذلك ثمار نشاطها، فعلى الصعيد الاقتصادي، تضاعف حجم التبادل التجاري مع الدول الإفريقية عدة مرات، وطبقاً لتقارير وزارة التجارة والصناعة الإسرائيلية وصل حجم الصادرات الإسرائيلية إلى بعض الدول الإفريقية 3.5 مليارات دولار في سنة 2002 مقابل فقط 59.3 مليون دولار في سنة 1983، وهذه الصادرات لا تشمل كل القارة بل تقتصر على بعض الدول منها نيجيريا وكينيا وساحل

---

[1] غازي دحمان، التغلغل الإسرائيلي في إفريقيا ومخاطره على الأمن العربي، موقع الجزيرة.نت، 2008/6/25، انظر: .http://www
aljazeera.net/NR/exeres/7AA996E4-5A92-4F13-874B-DB10104BC700.htm

العاج وإفريقيا الوسطى. أما بالنسبة إلى الواردات الإسرائيلية من بعض الدول الإفريقية فقد بلغت نحو 500 مليون دولار من السنة نفسها. أما المعطيات الخاصة بالصادرات إلى الدول الأخرى وخاصة زائير وجنوب إفريقيا وتوجو وكذلك حجم الصفقات العسكرية، فإنها لا تظهر في التقارير الإسرائيلية وخاصة الصحفية[2].

واستحوذت الشركات الإسرائيلية على تعاقدات قيمتها أكثر من أربعة مليارات دولار لإقامة المباني الحكومية ومدّ شبكات الطرق والجسر وحفر الأنفاق وإنشاء الموانئ، وتوافد في إطار هذا النشاط آلاف الخبراء والمستشارين الإسرائيليين على الدول الإفريقية. وكان نصيب إفريقيا من صادرات الأسلحة الإسرائيلية كبيراً حيث جاءت في المرتبة الثانية بعد أمريكا اللاتينية، وتصدر "إسرائيل" إلى القارة السوداء طائرات النقل والتدريب والطائرات المقاتلة وكذلك الدبابات وأجهزة الاتصال والصواريخ.

وطبقاً لتقارير الأمم المتحدة وبعض التقارير الأخرى فإن هناك تورطاً لشركات إسرائيلية ولتجار إسرائيليين في التجارة غير المشروعة للألماس. فمن المعروف أن مافيا هذا الحجر الثمين تقوم بتهريبه من دول مثل الكونغو وسيراليون وأنجولا عبر دول الجوار ليصل إلى هولندا، ثم بعد ذلك إلى مراكز تصنيع الألماس في عدد من الدول الأوروبية والولايات المتحدة بالإضافة إلى "إسرائيل" والهند. على أن هذه التجارة غير المشروعة يوازيها تجارة أخرى غير مشروعة في السلاح؛ حيث يتم عقد صفقات لشراء الأسلحة وهو ما يسهم في استمرار واقع الصراعات والحروب الأهلية في الدول الإفريقية الغنية بالألماس، ويعود بالنفع المادي على كل المتورطين في هذه التجارة[3].

2. المساعدات العسكرية:

من الملفت أن "إسرائيل" تمتلك مصداقية كبيرة لدى الدول الإفريقية في ميادين الاستخبارات والتدريبات العسكرية، فقد ركزت في تفاعلاتها الإفريقية منذ البداية، وحتى في ظلّ سنوات القطيعة الدبلوماسية بينها وبين إفريقيا، خلال الفترة 1973-1983، على المساعدات العسكرية في مجال تدريب قوات الشرطة وقوات الحرس الرئاسي لعدد من الدول الإفريقية مثل زائير (جمهورية الكونغو الديموقراطية حالياً) والكاميرون.

---

[2] حسن العاصي، "الاختراق الإسرائيلي للقارة السوداء،" مجلة **الحوار المتمدن**، 2004، العدد 782، انظر:
http://meshkat.net/new/contents.php?catid=11&artid=11005

[3] حمدي عبد الرحمن، "إفريقيا وإسرائيل في عالم متغير"، مجلة البيان، السعودية، 2002، العدد 181، ص 48.

وتعدّ المساعدات العسكرية من أهم المعونات التي قدمتها "إسرائيل" لإفريقيا على شكل تدريبات تقليدية للمشاة والمظليين بدرجة أكبر وعلى شكل مبيعات أسلحة بدرجة أقل. ومع حلول سنة 1966، تلقت عشرات الدول الإفريقية مساعدات عسكرية مباشرة من "إسرائيل" وكان الدعم يصل لشخصيات نافذة، فعلى سبيل المثال قامت "إسرائيل" بتدريب موبوتو سيسي سيكو Mobutu Sese Seko اللواء في الجيش الكونغولي والذي أصبح رئيساً للكونغو بعد سنتين[4].

وكانت "إسرائيل" حريصة على الاستجابة للطلبات العسكرية والتسليحية للدول الإفريقية حيث قدر عدد الضباط الإسرائيليين العاملين في القارة الإفريقية في تلك الفترة بأكثر من 500 ضابط وخبير عسكري بينهم 100 فتاة يعملون في حقل التدريب على مختلف الأسلحة عدا ما استقبلته "إسرائيل" من مئات الأفارقة لتدريبهم في كلياتها العسكرية حيث غطى ذلك النشاط أكثر من 16 دولة إفريقية[5].

ومن البديهي أن الدول الإفريقية التي تعاني من الصراعات والانقسامات الاجتماعية والانشقاقات داخل صفوف النخب السياسية الحاكمة تهتم اهتماماً بالغاً بقضايا المساعدات الأمنية والاستخبارية، وهو ما دأبت السياسة الإسرائيلية في إفريقيا في التركيز عليه في جميع مراحل علاقاتها الإفريقية منذ أعوام الستينيات، فمع تنامي المدّ الناصري في إفريقيا وتعهد الرئيس عبد الناصر بطرد "إسرائيل" من إفريقيا، قامت "إسرائيل" بتعزيز تواجدها في أثيوبيا، وأرسلت عملاء الموساد لتدريب قوات الشرطة الأثيوبية. ومع سقوط نظام هيل سيلاسي ومجيء نظام مانجستو Mangesto، ظلت "إسرائيل" على علاقة وثيقة بأثيوبيا؛ ولا أدَلّ على ذلك من أن أثيوبيا امتنعت عن التصويت على قرار الأمم المتحدة سنة 1975 والذي يقضي بمساواة الصهيونية بالعنصرية.

ومع دخول القرن الإفريقي أتون الصراعات الإثنية والسياسية، أصبح المجال مفتوحاً أمام التركيز مرة أخرى على أداة المساعدة العسكرية والاستخبارية التي تمارسها "إسرائيل" في هذه المنطقة المهمة لها استراتيجياً بسبب ارتباطها بأمن البحر الأحمر، وكذلك ارتباطها بأمن بعض الدول العربية المؤثرة مثل السودان ومصر[6].

---

[4] Jacob Abadi, Israel and Sudan: The Saga of an Enigmatic Relationship, *Middle Eastern Studies*, vol. 35. no. 3, 1/7/1999.

[5] عواطف عبد الرحمن، **إسرائيل وإفريقيا 1948-1973**، ص 104.

[6] حمدي عبد الرحمن، "الاختراق الإسرائيلي لإفريقيا وانعكاساته على الأمن العربي،" ص 36-37.

كما أقامت "إسرائيل" شركات المرتزقة على غرار شركة ليف دان LevDan وشركة الشبح الفضي حيث يخشى الرؤساء الأفارقة من قواتهم المسلحة نفسها، ومن ثم يلجأ العديد من هؤلاء الرؤساء إلى تكوين ميليشيات قبلية لتأمين أنفسهم، وتتولى شركات المرتزقة الإسرائيلية تدريب وتسليح الكثير من هذه الميليشيات. وفي الكونغو على سبيل المثال، قامت شركات مرتزقة إسرائيلية بتدريب وتسليح الحرس الخاص بالرئيس السابق دينيس ساسو نغيسو Denis Sassou Nguesso، في حين تعاقد خلفه باسكال ليسوبا Pascal Lissouba مع شركة ليف دان الإسرائيلية لتدريب وتسليح ميليشياته من الزولو Zulu الجنوب إفريقيين، أما غريمهم الثالث برنارد كوليلاس Bernard Kolélas، فقد تعاقد مع شركة مملوكة ليهود لتدريب وتسليح قواته التي أسماها النينجا Ninja[7].

وقد عقدت صفقة سلاح إسرائيلية لإفريقيا خلال سنة 2006، حيث تمكنت شركة يافنيه الإسرائيلية المتخصصة في صناعة الطائرات بدون طيار وأجهزتها الحديثة من إبرام أكبر صفقة بين شركة إسرائيلية ودولة إفريقية في تاريخ "إسرائيل"، بعدما تعاقدت على بيع أنظمة طائرات بدون طيار ضمن صفقة سلاح مع نيجيريا. كما تتضمن الصفقة شراء 15 طائرة حربية إسرائيلية، وتدريب طيارين نيجيريين وإعدادهم بقيمة إجمالية تصل إلى ربع مليار دولار. وتهدف "إسرائيل" من وراء تلك الصفقة حماية منطقة غرب إفريقيا بأحدث القدرات العسكرية، نظراً لأهميتها من الناحية الاستراتيجية، بسبب توسع نشاط شركات النفط الأجنبية في المنطقة[8].

وأشرفت "إسرائيل" على تحديث الجيش الإريتري سنة 1995، حيث أبرمت صفقة بين الدولتين زودت "إسرائيل" بموجبها إريتريا بـ 104 زورق حربي، و6 طائرات هليكوبتر Helicopter، و7 بواخر متوسطة الحجم مع تدريب مجموعة من القوات البحرية الإريترية[9].

[7] محمود أبو العينين وآخرون، **التقرير الاستراتيجي الإفريقي** 2001-2002م، ص 373.

[8] خلف خلف، إسرائيل تبرم أكبر صفقاتها للأسلحة مع إفريقيا، موقع إيلاف الإلكتروني، 2006/5/4، انظر:
http://www.elaph.com/ElaphWeb/Politics/2006/5/146026.htm?sectionarchive=Politics

[9] إدريس جالو، لماذا تهتم إسرائيل بأرتيريا؟ شبكة المشكاة الإسلامية، 2007/5/20، انظر:
http://www.meshkat.net/new/contents.php?catid=6&artid=7747

وقد ورد في دراسة حديثة أعدها معهد أبحاث قضايا الدفاع والأمن ونزع السلاح في بروكسل تحت عنوان "تهريب السلاح إلى إفريقيا" على لسان الجنرال الإسرائيلي يوسي بن حنان Yossi Ben Hanan رئيس دائرة المساعدات في وزارة الدفاع الإسرائيلية، أن "إسرائيل" حققت فوائد ربحية من تجارة السلاح بلغت أربعة مليارات دولار في مقابل مليار دولار قبل ست سنوات، وتكشف معلومات الكتاب أن الأوضاع التي عاشتها القارة الإفريقية خلال العقود الأربعة الماضية قد مهدت الطريق بصورة سالكة لشبكات تجارة السلاح الإسرائيلي لتسريبه إلى إفريقيا حتى أصبحت 60% من دولها تقع فريسة للعنف المسلح أو الحروب الأهلية حيث من بين 51 دولة إفريقية توجد 18 دولة ضحية لصراعات مسلحة أو حروب أهلية و13 دولة تواجه العنف المسلح، وأضافت معلومات الكتاب أن الجنرال في الجيش الإسرائيلي عاموس جولان Amos Golan، والذي يدير مصنعاً لأسلحة في تل أبيب، كان قد باع لأوغندا 36 دبابة بقيمة 750 ألف دولار للدبابة الواحدة كما ساعد في تسليح المتمردين في الكونغو[10].

وعدا عن أن "إسرائيل" توفر السلاح للدول الإفريقية فإنها تقدم التدريب العسكري، وتفيد الخبرة التاريخية أن "إسرائيل" تتعامل مع الأشخاص الأفارقة وذوي النفوذ أو الذين لهم مستقبل سياسي فاعل في بلدانهم. ولعل حالة الرئيس الكونغولي الراحل موبوتو سيسى سيكو تطرح مثالاً واضحاً؛ فقد تلقى تدريباً إسرائيلياً، ثم أصبح رئيساً للدولة بعد ذلك بسنتين. ولا يخفى أن "إسرائيل" تقوم بتزويد العديد من الدول الإفريقية بالأسلحة مثل أثيوبيا وإريتريا[11].

3. الزيارات والوفود التعليمية:

لم تقتصر علاقة "إسرائيل" بإفريقيا على الأبعاد الاقتصادية والعسكرية والأمنية، فقد اهتمت بالاتصال المباشر عبر زيارات متتالية لمسؤولين إسرائيليين من مختلف المستويات إلى الدول الإفريقية بجانب دعوات وجهت للزعماء الأفارقة بزيارة تل أبيب.

اتسمت العلاقات الإسرائيلية الإفريقية في بدايتها بالبعثات الاستطلاعية التي كانت ترسلها "إسرائيل" إلى إفريقيا، وفيها قام الإسرائيلي الدكتور ليوين، رئيس شعبة آسيا

---

[10] دارفور مورد أساسي لتجارة السلاح القادم من إسرائيل، جريدة الصحافة الإلكترونية، انظر:

http://www.alsahafa.info/index.php?type=3&id=2147493055

[11] حمدي عبد الرحمن، "الاختراق الإسرائيلي لإفريقيا وانعكاساته على الأمن العربي،" ص 39.

وإفريقيا في الخارجية الإسرائيلية، بزيارة إفريقيا سنة 1955 وزار أثيوبيا وليبيريا وساحل العاج، كما قام في هذه الفترة وعلى وجه التحديد سنة 1957 موشيه ديان Moshe Dayan، رئيس أركان الجيش الإسرائيلي حينئذ، بزيارة إلى ليبيريا وغانا. وكذلك قامت جولدا مائير Golda Meir كوزيرة للخارجية الإسرائيلية آنذاك، بزيارة أولى لإفريقيا سنة 1958، وهي أول زيارة رسمية على مستوى عال، وقد شملت ليبيريا وغانا ونيجيريا والسنغال وساحل العاج، وتمّ خلالها إجراء محادثات مع الزعماء الأفارقة نكروما ووليام توبمان William Tubman وليوبولد سنجور Léopold Sédar Senghor وهوفويت بوانييه Houphouët-Boigny وبنيامين نامدي آزيكوي Benjamin Nnamdi Azikiwe. وكانت مائير قد صرحت في أثناء عودتها وتوقفها في باريس بمدى الحفاوة التي لقيتها في الدول الإفريقية التي زارتها وقالت "إن هناك حاجة إلى بذل مجهود دولي على نطاق واسع من أجل البدء فوراً في بذل المساعدة الحقيقية للدول الإفريقية"[12].

وقد عرّفت "إسرائيل" في الفترة المبكرة من علاقاتها مع إفريقيا منذ نهاية الخمسينيات ومطلع الستينيات بنفوذها إلى الشارع الإفريقي من خلال المنظمات الشعبية والطلابية والشبيبة، فلم تكتف باستقبال رؤساء الجمهوريات والوزراء بل وجهت الدعوات للقادة النقابيين والطلابيين والشبابيين، وعملت على التسرب من خلال نشاط ثقافي واجتماعي ورياضي، وسمت شوارع إسرائيلية بأسماء رؤساء أفارقة واستقدمت وفود نسائية وفلكلورية وقدمت هدايا ورشاوى لشخصيات وفعاليات اقتصادية واجتماعية وسياسية إفريقية، ولم تعد تكتفي بتقديم الهدايا المكلفة مثل الطائرات التي أهدتها "إسرائيل" لنكروما سنة 1958، ولتوبمان سنة 1959، بل أصبحت هذه الهدايا تتسرب إلى هيئات شعبية مختلفة على مستويات متباينة.

وفي سنة 1959، وقعت "إسرائيل" وليبيريا في منروفيا معاهدة صداقة بينهما وهي الثالثة من نوعها التي توقعها "إسرائيل" مع حكومة بعد هولندا والولايات المتحدة، وفي كانون الثاني/ يناير 1960، قامت جولدا مائير بزيارات رسمية لكل من ليبيريا وسيراليون وغانا وغينيا، كما قام في السنة نفسها وزير المالية الإسرائيلي ليفي إشكول Levi Eshkol بزيارة ليوبولدفيل لحضور استقلال الكونغو، ثم واصل رحلته إلى

[12] سلطان حطاب، **مرجع سابق**، ص 80.

ساحل العاج وغانا ومالي والسنغال ونيجيريا، وكان الوزير الإسرائيلي قد أعلن في لاغوس بنيجيريا عن أن دولته قدمت قرضاً للحكومة النيجيرية بمبلغ 3.5 ملايين جنيه كما تمّ تشكيل ثلاث شركات مشتركة[13].

ثم سافر موشيه ديان إلى نيجيريا بعد منح القرض بشهرين لحضور احتفالات استقلالها، وأعلن عن تقديم 200 منحة دراسية إسرائيلية لنيجيريا خلال سنة 1960، كما قدم بعد ذلك ليفي إشكول، وزير المالية الإسرائيلي آنذاك، 25 منحة دراسية لدولة مالي ومساعدات زراعية تتعلق بالمحاصيل.

لقد تميزت سنة 1960 بكثرة زيارات الوفود الإفريقية إلى "إسرائيل" والتي أعقبت زيارات الوفود الإسرائيلية إلى إفريقيا، ففي أعقاب زيارة آري ايلان Areh Ilan، مندوب "إسرائيل" آنذاك في الأمم المتحدة، والوزير الإسرائيلي كارميل، الذي وقع اتفاقيات طيران عديدة بين إفريقيا و"إسرائيل"، وجدعون رافائيل Gideon Rafael، الذي وضع البرنامج التحضيري لمؤتمر رحوفوت Rehovot Conference في آب/ أغسطس 1960 والذي اشترك فيه ستين وفداً من الدول النامية. في أعقاب تلك الزيارات قام الرئيس يولو Youlou رئيس جمهورية الكونغو برازافيل وغابريل نائب رئيس جمهورية تشاد، خلع من منصبه وهو في "إسرئيل"، بزيارة لتل أبيب كما حضر مؤتمر رحوفوت عدد من الوزراء وكبار الموظفين الأفارقة[14].

وشارك في مؤتمر رحوفوت الذي ناقش دور العلم في تطوير الدول الجديدة 120 مندوباً من أربعين دولة من القارات الخمس، وقد تحدثت أمام المؤتمر وزيرة الخارجية الإسرائيلية آنذاك جولدا مائير التي أعلنت عن تقديم ألف منحة للطلاب من آسيا وإفريقيا للدراسة في معاهدها[15].

ومع حلول سنة 1962، حفلت برامج السياسية الإسرائيلية بزيارات متبادلة مع إفريقيا، فقد وصل إلى "إسرائيل" الرئيس ليون مبا Léon M'ba رئيس جمهورية الغابون في 1962/5/6 للاشتراك في احتفالات قيام "إسرائيل" مصطحباً معه وزير

[13] عواطف عبد الرحمن، **إسرائيل وإفريقيا 1948-1973**، ص 94.

[14] سلطان حطاب، **مرجع سابق**، ص 83-84.

[15] ديمتري بونوماربوف، **سياسة إسرائيل في إفريقيا الاستوائية ـ التوسع الصهيوني** بين 1958-1973، تحرير عماد الدين حاتم (ليبيا: مركز البحوث والدراسات الإفريقية، 1984)، ص 43.

الخارجية ووزير الاقتصاد وبعض كبار المسؤولين. ووقعت في نهاية الزيارة معاهدة صداقة بين الدولتين، ونص البيان المشترك مرة أخرى على رغبة "إسرائيل" بإجراء مفاوضات مباشرة مع العرب[16].

ولم يكد الرئيس الغابوني يغادر "إسرائيل" حتى وصل رئيس جمهورية إفريقيا الوسطى ديفيد داكو David Dacko، الذي كان في انتظاره جميع قادة الدولة الإسرائيلية، وعندما وصل داكو كان تصريحه في القدس في 1962/6/6، "دعوة الزعماء العرب إلى عقد السلام مع إسرائيل". أما الرئيس هوفويت بوانييه رئيس جمهورية ساحل العاج فقد وصل حيفا على ظهر سفينة عقب رحلته إلى الولايات المتحدة وأهدى لـ"إسرائيل" 10 آلاف شجرة صنوبر، ووزع كثير من الأوسمة على المسؤولين الإسرائيليين، ودعا العرب إلى مفاوضات مباشرة وقبول السلام مع "إسرئيل"[17].

وكانت هذه الزيارات العديدة قد أعطت "إسرائيل" دفعة قوية للخروج من عزلتها ورسخت لها علاقاتها التي صاحبها توسع في الاتصالات، شملت كينيا وتنجانيقا (تنزانيا) التي أرسلت وفوداً نقابية لدراسة تجربة الاتحاد العام للعمال اليهود الهستدروت الإسرائيلي Histadrut، وكانت الفترة نفسها أي سنة 1962 قد شهدت أيضاً توقيع اتفاقيات مع مالاوي والنيجر وساحل العاج وفولتا العليا ورواندا، كما أن هذه الفترة كانت حافلة بالأحداث الإفريقية حيث كان الاستعمار يرحل وتعلن كثير من الدول استقلالها، وحيث كانت الناصرية تحاول الدخول إلى إفريقيا من خلال شعارات الرئيس عبد الناصر في تنزانيا "أن على الاستعمار أن يحمل عصاه ويرحل"، ذلك الاستعمار الذي كانت "إسرائيل" تقتفي آثاره وترث مواقعه، وربما كانت أهم زيارة إسرائيلية في ذلك الوقت هي زيارة موشيه ديان لدار السلام التي أعلن خلالها عن هدية عيد الميلاد بعد مذابح أصابت أهلها من المسلمين والهدية كانت مائة منحة دراسية. ثم تبعت تلك الزيارة زيارة أخرى مهمة للرئيس الإسرائيلي إسحاق بن زفي Yitzhak Ben-Zvi في شهر آب/ أغسطس سنة 1962 شملت ليبيريا والكونغو برازافيل والكونغوليو بولدفيل (زائير الآن) وجمهورية إفريقيا الوسطى ثم السنغال. وقد أبرزت الصحف الإفريقية أنباء هذه الزيارة في مانشيت بعنوان "لقد جاءوا" وصورة كبيرة لبن زفي وزوجته[18].

---

16 عواطف عبد الرحمن، **إسرائيل وإفريقيا 1948-1973**، ص 94.

17 سلطان حطاب، **مرجع سابق**، ص 84.

18 عواطف عبد الرحمن، **إسرائيل وإفريقيا 1948-1973**، ص 42.

وقد عادت جولدا مائير في جولة أخرى إلى شرقي إفريقيا سنة 1962 حيث زارت كينيا وأوغندا وتنجانيقا ومدغشقر. وفي كانون الأول/ ديسمبر من السنة نفسها، قامت مائير بزيارة أخرى لشرق إفريقيا حيث كانت القيادة الناصرية قد بدأت تتحسس الخطر الإسرائيلي على إفريقيا وتعمل لمقاومته بعد أن استشرس في الحصول على مواقع جديدة. وكانت زيارة مائير قد شملت كينيا وأثيوبيا التي زارتها بدعوة شخصية من الإمبراطور هيل سيلاسي[19].

واستكملت مائير في تشرين الأول/ أكتوبر سنة 1964 زيارتها إلى الشرق الإفريقي، فوصلت إلى زامبيا لحضور احتفالاتها بإعلانها كدولة، حيث اجتمعت مع كينيث كاوندا Kenneth Kaunda ومع كبار المسؤولين في زامبيا واجتمعت مع جوليوس نيريري Julius Nyerere وزعماء أفارقة آخرين اشتركوا في الاحتفالات، وواصلت رحلتها إلى نيجيريا حيث أجرت محادثات مهمة مع آزيكوي. وكانت قد توقفت في أبيدجان وأكرا.

تميزت زيارات مائير في المراحل الثلاث التي قامت بها بين سنة 1957 إلى 1965 بأنها شكلت ترسيخاً قوياً للعلاقات الإسرائيلية الإفريقية، حيث تمكنت من نسج علاقات دبلوماسية واسعة ملأت كثيراً من الفراغ الذي أورثه لها الاستعمار دون جهد كبير في غياب عربي يكاد يكون شاملاً[20].

كانت جولدا مائير بمثابة مهندسة سياسة "إسرائيل" تجاه إفريقيا والتي اعتقدت بأن الدروس التي تعلمها الإسرائيليون من الممكن تعليمها للأفارقة لا سيّما في حقبة الخمسينيات من القرن العشرين حيث كان الأفارقة يمرون بنفس مسيرة بناء دولهم وفق تعبير مائير نفسها[21].

وفي الوقت الذي وضعت فيه جولدا مائير أحجار زوايا عديدة لعلاقات إسرائيلية إفريقية أما في التأسيس أو التعميق، كانت هناك بعثات إسرائيلية عديدة تجوب القارة الإفريقية، أبرزها تلك التي قادها في أوائل 1965 كاديش لوز Kadish Luz رئيس الكنيست الإسرائيلي آنذاك والتي زار فيها سيراليون وداهومي والنيجر وفولتا العليا وتشاد وغانا وساحل العاج.

---

[19] سلطان حطاب، **مرجع سابق**، ص 85.

[20] **المرجع نفسه**، ص 83-84.

[21] Golda Meir, *My Life* (New York: Dell Publishing Co, 1975).

تميزت الفترة من سنة 1963 إلى 1965 بأن عدد الوفود والبعثات المتبادلة لم ينقص بل ازداد واستمر في التدفق وشهدت المرحلة تعميق العلاقات الناشئة في منطقة شرق إفريقيا وتوقيع مزيد من اتفاقيات التعاون المشترك وخاصة كينيا وتنزانيا اللتان أصبحتا مواقع متقدمة لـ"إسرائيل" في إفريقيا الشرقية يقابلان غانا وليبيريا في إفريقيا الغربية[22].

ولم تتوقف الاتصالات الإسرائيلية عند حدود الدول الإفريقية المستقلة، بل تعدت ذلك إلى الدول التي لم تكن قد نالت استقلالها بعد، ففي سنة 1963 قام الرئيس الكاميروني، وهو مسلم، بزيارة لـ"إسرائيل" اعتبرت مهمة، كما قام رئيس داهومي في أيلول/ سبتمبر من السنة نفسها بزيارة لـ"إسرائيل" صحبه فيها وزير خارجيته ورئيس أركان جيشه. وفي نهاية سنة 1963 قام الرئيس الكونغولي جوزيف كازافوبو Joseph Kasavubu بزيارة لـ"إسرائيل" تصحبه زوجته و18 مسؤولاً كونغولياً ليوقّع اتفاقية صداقة ويدعو إلى تأييد الموقف الإسرائيلي لإجراء مفاوضات مباشرة مع العرب. أما في سنة 1964 وسنة 1965، فلقد زار "إسرائيل" ثلاثة رؤساء أفارقة هم رئيس توجو نيكولاس جرونيتسكي Nicolas Grunitzky الذي وصل في نيسان/ أبريل سنة 1964 يصحبه ابنته وعدد من وزرائه ورئيس داهومي في تموز/ يوليو سنة 1964 ومعه نائبه، ثم رئيس تشاد فرنسوا تومبالباي François Tombalbaye الذي قام بثاني زيارة له إلى "إسرائيل" في تشرين الأول/ أكتوبر سنة 1965[23].

وقام وزير الخارجية الإسرائيلي السابق أبا إيبان في سنة 1969 بزيارة لعدد من دول شرقي إفريقيا للتأكيد على أهمية موقف هذه الدول وإيجاد وسائل لتقديم الدعم لها وهو ما اهتم به الزعماء الأفارقة، وتبرعت "إسرائيل" بـ 2,880 دولار من خلال الأمم المتحدة لحركات التحرر الإفريقية ولأغراض إنسانية. وفي سنة 1971 توجه إيبان ثانية لإفريقيا حيث زار سبع دول إفريقية وشدد على المواقف السابقة[24].

تجددت الزيارات المتبادلة للمسؤولين الإسرائيليين والأفارقة بعد التعثر الذي حصل إثر حرب 1967 وحرب 1973، وأتاحت اتفاقية كامب ديفيد سنة 1979 الفرصة لانفتاح

[22] كامل الشريف، **مرجع سابق**، ص 81.

[23] سلطان حطاب، **مرجع سابق**، ص 86.

[24] J. Bell, Israel's Setbacks in Africa, *Middle East International* magazine, no. 21, March 1973, pp. 22-24.

العلاقات الإسرائيلية الإفريقية. فقد زار رئيس "إسرائيل" الأسبق حاييم هيرتزوج Chaim Herzog مطلع سنة 1984 زائير وليبيريا، ووقع وزير السياحة الإسرائيلي أبراهام شرير Avraham Sharir ونظيره الزائيري نغيولي بالانغا في القدس على اتفاق يقضي بالتعاون على تشجيع التبادل السياحة بين البلدين واستعجال تشغيل الخط الجوي بينهما[25].

وفي شهر أيار/ مايو 1985 زار الرئيس الزائيري موبوتو سيسي سيكو "إسرائيل" واتفق مع رئيس الوزراء الإسرائيلي شمعون بيريز Shimon Peres على توثيق العلاقات بين البلدين وحددا إرشادات لمجموعات من البلدين لوضع التفاصيل بهذا الشأن[26].

وفي إرسال الوفود التعليمية ركزت "إسرائيل" على ثلاثة مجالات أساسية وهي: نقل المهارات التقنية وغيرها من خلال برامج تدريبية معينة، وتزويد الدول الإفريقية بخبراء إسرائيليين لمدة قصيرة أو طويلة المدى، وإنشاء شركات مشتركة أو على الأقل نقل الخبرات والمهارات الإدارية للشركات الإفريقية. وتشير الإحصاءات التي نشرها مركز التعاون الدولي التابع لوزارة الخارجية الإسرائيلية Israel Foreign Ministry Center for International Cooperation، أن عدد الأفارقة الذين تلقوا تدريبهم في "إسرائيل" سنة 1997 وصل إلى نحو 742 متدرباً إضافة إلى نحو 24,636 إفريقياً تلقوا تدريبهم من قبل في مراكز التدريب الإسرائيلية خلال الأربعين سنة الماضية[27].

وقد قامت "إسرائيل" بإعادة تقويم أداء المراكز التدريبية الخاصة بإفريقيا وهي:

- مركز جبل كارمل Carmel Center بمدينة حيفا الذي ينظم حلقات دراسية للمرأة الإفريقية في ميدان التنمية.
- مركز دراسة الاستيطان الذي يوفر تدريبات في البحوث الزراعية والتخطيط الإقليمي.
- المركز الزراعي الذي يوفر الخبراء والمساعدة الفنية لتعظيم استخدام الموارد المتاحة.

---

[25] رضى سلمان، إسرائيل، 1984: **أحداث ومواقف** (بيروت: مؤسسة الدراسات الفلسطينية، 1985)، ص 121.

[26] **المرجع نفسه**، ص 245.

[27] حمدي عبد الرحمن، "إفريقيا وإسرائيل في عالم متغير: رؤية عربية،" ص 172.

- قسم التدريب الأجنبي الذي يهتم بقضايا التنمية الريفية.
- المعهد الأفرو-آسيوي Afro-Asian Institute (AAI) للهستدروت الذي يهتم بأنشطة الاتحادات العمالية.

وتطرح "إسرائيل" نموذجاً مهماً بالنسبة للدول الإفريقية في ميدان محاصيل الأراضي القاحلة وشبه القاحلة، وعلى سبيل المثال فإن البرنامج الدولي لمحاصيل الأراضي القاحلة والذي تتبناه جامعة بن جوريون Ben-Gurion University بصحراء النقب بتمويل من اليونسكو ووزارة الخارجية الفنلندية ومركز ماشاف يسعى إلى إقامة مشروعات زراعية في إفريقيا بغرض محاربة التصحر، وإيجاد البيئة المواتية للزراعة الدائمة[28].

ثانياً: المؤسسات الإسرائيلية التي تنفذ السياسة الخارجية تجاه إفريقيا:

1. وزارة الخارجية الإسرائيلية:

تحقيقاً لسياسة جولدا مائير الخارجية تجاه الدول الإفريقية، بدأت "إسرائيل" بإرسال مئات الخبراء والوفود الفنية والتقنية للدول الإفريقية عبر مركز ماشاف التابع لوزارة الخارجية الإسرائيلية. ويعدّ هذا المركز الذي تمّ تأسيسه سنة 1958 أحد آليات وزارة الخارجية الإسرائيلية الهادفة إلى تحسين سمعة "إسرائيل" في العالم وتعزيز موقعها في القارة الإفريقية من خلال التعاون بين الجانبين.

ومن أبرز الأنشطة التي يعمل فيها مركز ماشاف، إقامة المزارع وتأسيس غرفة للتجارة الإفريقية الإسرائيلية، وتقديم الدعم في مجالات الزراعة والصحة والتعليم والتنمية الاقتصادية، من خلال التعاون مع المنظمات الإقليمية والدولية والسفارات الأجنبية، وبصفة خاصة هيئة المعونة الأمريكية United States Agency for International Development (USAID) التي نشطت على ضوء مبادرة الرئيس الأمريكي السابق بيل كلينتون Bill Clinton للشراكة مع إفريقيا[29].

---

[28] حمدي عبد الرحمن، "الاختراق الإسرائيلي لإفريقيا وانعكاساته على الأمن العربي،" ص 38.

[29] أحمد عبد الحي، مرجع سابق.

وأرسل ماشاف في مطلع الستينيات عشرات الخبراء ليعملوا في الدول التالية: سيراليون، السنغال، ساحل العاج، غانا، توغو، فولتا العليا، النيجر، نيجيريا، الكاميرون، الغابون، جمهورية إفريقيا الوسطى، الكونغو، كينيا، أوغندا، أثيوبيا، جمهورية مالاجاش، بورندي وتشاد[30].

وقد استقبل هذا المركز خلال ما يزيد عن أربعة عقود من الزمن أكثر من 25 ألف زائر إفريقي للتدريب في مختلف المجالات. ويركز هذا المركز في اختياره للمتدربين على الخلفية الدينية لهم إذ يتم تفضيل المتدربين المسلمين بهدف غسل أدمغتهم واتخاذهم رأس جسر لزيادة التمدد الإسرائيلي في القارة الإفريقية، وعلى سبيل المثال فإن معظم المتدربين في برنامج المركز الذي عقد في مدينة مومباسا الكينية هم من المسلمين[31].

في سنة 1997، عقد مركز ماشاف ورشة عمل بعنوان سياسات التعاون الدولي الإسرائيلية في إفريقيا، وكان السؤال المحوري هو كيفية استخدام الموارد المحدودة المتاحة للمركز لتنفيذ برامج في قطاعات اجتماعية واقتصادية متباينة داخل إفريقيا وذلك بما يحقق الأهداف والمصالح المرسومة لـ"إسرائيل"[32].

وقد استفادت "إسرائيل" من درس قطع الدول الإفريقية لعلاقاتها مع "إسرائيل" فقررت التوسع في علاقاتها غير الرسمية، على اعتبارها امتداداً للتواجد الإسرائيلي هناك حتى لو قطعت العلاقات الدبلوماسية مستقبلاً. ويمارس خبراء معهد ماشاف دوراً بارزاً في مجالات الصحة والتعليم وتنمية الموارد البشرية، والقيام بأبحاث مكافحة التصحر والزراعة وغيرها من مجالات الاهتمام المشترك[33].

وتقسم شعبة إفريقيا بالوزارة إلى قسمين: إفريقيا "1"، وتختص بدول شرق وجنوب القارة، إفريقيا "2" وتختص بدول وسط وغرب القارة الإفريقية[34].

---

[30] Segal, A, "Israel in Africa," *The Africa Report* magazine, vol. 8, no. 4, April 1963, pp. 19-22.

[31] عبد العزيز المنصور، "علاقات إسرائيل الإفريقية-عقود من التغلغل وسعي نحو الهيمنة،" مجلة **دراسات تاريخية**، جامعة دمشق، دمشق، 2006، العدد 93-94، ص 327.

[32] حمدي عبد الرحمن، "إفريقيا وإسرائيل في عالم متغير: رؤية عربية،" ص 172.

[33] "المناقشات الدائرة حول التجربة الإسرائيلية في القارة الإفريقية،" نشرة مؤسسة الدراسات الفلسطينية، 1973، العدد 4، ص 121.

[34] صياح عزام، "الغزو الإسرائيلي للقارة الإفريقية،" مجلة **المناضل**، شباط/ فبراير 2007، العدد 349.

قامت جولدا مائير كوزرة للخارجية بزيارة أولى للقارة الإفريقية سنة 1957 في جولة استغرقت خمسة أسابيع وزارت خلالها ليبيريا ونيجيريا والسنغال وساحل العاج وغانا وأسفرت عن تحقيق عدد من الإنجازات في هذه السنة بفتح سفارات إسرائيلية في بعض هذه الدول كغانا. وفي سنة 1963 قامت جولدا مائير بزيارة لشرق إفريقيا في جولة شملت كينيا وأوغندا وتنجانيقا ومدغشقر وكينيا وأثيوبيا، وعادت مرة أخرى إلى إفريقيا في تشرين الأول/ أكتوبر 1965 فزارت زامبيا ونيجيريا. وقد تميزت زيارات مائير في المراحل الثلاث الأولى التي قامت بها بأنها شكلت ترسيخاً قوياً للعلاقات الإسرائيلية الإفريقية حيث تمكنت من نسج علاقات دبلوماسية واسعة ملأت كثيراً من الفراغ أورثه لها الاستعمار دون جهد كبير في غياب عربي يكاد يكون شاملاً[35].

وتحيي "إسرائيل" يوم إفريقيا في 25 أيار/ مايو من كل سنة في حفل تدعو فيه وزارة الخارجية الإسرائيلية وروابط الصداقة الإفريقية الإسرائيلية ممثلي الدول الإفريقية. وفي 2007/5/29، أقامت وزيرة الخارجية الإسرائيلية تسيبي ليفني Tzipi Livni حفلاً خاصاً بمناسبة يوم إفريقيا ومرور نصف قرن على علاقات "إسرائيل" مع إفريقيا وكان ضيف الشرف في الحفل وزير التربية الغاني، وقد اشتمل الحفل على أربع فقرات منها بحث بعنوان "علاقات إسرائيل إفريقيا: 50 عاماً ونظرة إلى الأمام"، وأشارت إلى وصول 500 متدرب إفريقي في مختلف المجالات إلى "إسرائيل" سنة 2005، وأن تل أبيب أرسلت عشرات الخبراء الإسرائيليين إلى الدول الإفريقية لتقديم مساعدات في المجالات الزراعية والتنموية والصحية والتعليمية[36].

حرصت "إسرائيل" على عقد الاجتماعات والندوات والمؤتمرات لبحث سبل توثيق علاقاتها مع إفريقيا واستخدام أنسب الآليات والوسائل لتحقيق المخططات الإسرائيلية. وفي هذا السياق، عقد مركز ماشاف ورشة عمل خاصة حول سياسات التعاون الدولي الإسرائيلي في إفريقيا في 1997/6/15، وكان السؤال المحوري المطروح فيها كيفية

---

[35] سلطان حطاب، **مرجع سابق**، ص 85.

[36] יום אפריקה 2007 לציון יחסי ישראל- אפריקה، 2008/6/22،
http://www.mfa.gov.il/MFAHeb/Spokesman/2007/Africa+Day+-+Israel-Africa+relations+280507.htm
والمقال باللغة العبرية وترجمته: اليوم الدراسي الخاص بالعلاقات الإسرائيلية الإفريقية، 2007، 2008/6/22، انظر: http://www.mfa.gov.il/MFAHeb/Spokesman/2007/Africa+Day+-+Israel-Africa+relations+280507.htm

استخدام الموارد المحدودة لمركز ماشاف في برامج قطاعات اجتماعية واقتصادية متباينة داخل إفريقيا بالطريقة التي تحقق الأهداف والمصالح الإسرائيلية فيها، وذلك في ضوء المتغيرات الدولية والإقليمية الجديدة، وتمّ التأكيد على نفس البرامج التي قدمتها "إسرائيل" في سنوات الستينيات وأوائل السبعينيات[37].

وأيضاً عقدت ما سمي بلجان التخطيط والتنسيق والمتابعة لوضع السياسات الإسرائيلية للتحرك نحو إفريقيا عدة اجتماعات من أهمها، اجتماع اللجنة التي عرفت بلجنة "الثمانية والتسعون" وذلك في أيلول/ سبتمبر 1998 بهدف وضع الخطط والتصورات التي تضمن تحقيق الأهداف الإسرائيلية حتى الربع الأول من القرن الـ 21 وذلك في إطار خطط الدولة لوضع تصورات مستقبلية تستبق بها الأحداث وتحاول أن تطابقها بالواقع الفعلي وهناك ندوة العلاقات الإفريقية الإسرائيلية التي عقدت خلال المدة من 3-1999/9/5 بالتعاون بين وزارتي الخارجية والدفاع وجامعة تل أبيب في مركز موشيه ديان لدراسات الشرق الأوسط وإفريقيا The Moshe Dayan Center for Middle Eastern and African Studies حيث ناقشت الكثير من الأبحاث المقدمة من متخصصين إسرائيليين وأفارقة[38].

2. الموساد:

في مطلع الخمسينيات شكل ديفيد بن جوريون فريق عمل يضم العديد من الخبراء في الشؤون الاستراتيجية والسياسية لبحث كيفية التعامل مع البيئة المحيطة بها ومن ضمنها الدول الإفريقية، وكان من بين الفريق رؤوفين شيلواح Reuven Shiloah أول رئيس للموساد الإسرائيلي، وقد حرصت "إسرائيل" على إيفاد أنشط الدبلوماسيين والخبراء والمستشارين إلى إفريقيا على غرار اهود احزيائيل واشير بن ناتان Asher Ben Natan رجل المهمات الصعبة في الموساد إلى أثيوبيا ثم إلى أوغندا حتى تجد موطئ قدم إسرائيلي إلى جنوب السودان من خلال أثيوبيا والكونغو برازافيل (زائير لاحقاً) ثم أوغندا وكينيا، ولعب أهارون زعير أحد عباقرة الموساد والمسؤول السابق في جهاز الدفاع خطة احتواء إفريقيا من خلال إيفاد ما يصل إلى أكثر من خمسة آلاف

---

[37] حمدي عبد الرحمن، "إفريقيا وإسرائيل في عالم متغير: رؤية عربية،" ص 172.

[38] محمود أبو العينين وآخرون، التقرير الاستراتيجي الإفريقي 2001-2002م، ص 376.

خبير ومستشار في الزراعة والبناء والتشييد بالإضافة إلى المستشارين العسكريين من أجل تنظيم وتدريب وتسليح الجيوش الإفريقية وخاصة في الكونغو برازافيل وأثيوبيا وأوغندا وكينيا[39].

وفي الستينيات قدم الموساد دعماً محدوداً لحركة أنانيا في جنوبي السودان. وفي السنوات اللاحقة واستناداً إلى الجنرال جوزيف لاغو Joseph Lago قائد أنانيا تلقت الحركة أسلحة وأجهزة اتصالات ومساعدات في التدريب من الإسرائيليين. وفي كانون الثاني/ يناير 1960 ساعد الإسرائيليون إمبراطور أثيوبيا هيل سيلاسي في سحق محاولة انقلابية وذلك بإعطائه معلومات عن خصومه ومواقعهم بينما كان عائداً من رحلة في الخارج[40].

ويأتي مايك هراري Mike Harari الضابط السابق في المخابرات الإسرائيلية، الذي عمل في السبعينيات والثمانينيات مديراً لمحطة الموساد في أمريكا الوسطى والجنوبية كما عمل فيما بعد مستشاراً عسكرياً لرئيس بنما الأسبق مانويل نورييجا Manuel Noriega، على رأس قائمة الوجوه غير الرسمية لـ"إسرائيل" في إفريقيا. ويعد هراري الذي يتخذ من إفريقيا قاعدة لعملياته، المورد الرئيسي للسلاح لحركة تمرد جون قرنق في جنوب السودان، وتمتد أنشطة هراري لتشمل: أنجولا وإفريقيا الوسطى ومنطقة البحيرات العظمى والصومال وجنوب السودان وأوغندا ومنطقة القرن الإفريقي بما في ذلك إريتريا وأثيوبيا وهي منطقة شاسعة تغطي شرق ووسط القارة. ويشارك هراري في نشاطه الجنرال متقاعد ديفيد أجمون David Agmon كبير موظفي حكومة رئيس الوزراء الإسرائيلي بنيامين نتنياهو Benjamin Netanyahu في ولايته الأولى (1996-1999) والذي ورد في نشرة المخابرات التنفيذية أنه يعمل مستشاراً للرئيس الأوغندي يوري موسيفيني Yoweri Museveni كما أنه يشاهد معه علانية في بعض الأحيان. ويعمل أجمون في إفريقيا من خلال شركة راسل للتعدين الأسترالية Russell Mining & Minerals والتي منحها رئيس زائير الراحل موبوتو سيسيسكو امتياز تعدين ذهب في إقليم بوكافو في شرق الكونجو الذي تحتله أوغندا[41].

[39] موشي فرجي، **مرجع سابق**، ص 11.

[40] ايان بلاك وبلاك موريس، **الحروب السرية للاستخبارات الإسرائيلية**، تحرير العقيد ركن الياس فرحات (بيروت: دار الحرف العربي، 1998)، ص 164.

[41] جريدة **الأهرام**، القاهرة، 2002/10/4.

وقد زار رئيس الموساد الإسرائيلي الأسبق إفراييم هليفي Efraim Halevy جنوب السودان، حيث عقد لقاءات مطولة في أوغندا خلال زيارته مع وفد من المتمردين في المناطق الجنوبية للسودان، وتمّ التحدث خلال هذه اللقاءات في مسألة علاقة "إسرائيل" بالمتمردين والمساعدات التي تقدمها "إسرائيل" في الحرب الدائرة هناك وقد شدد رئيس الموساد على ضرورة الحصول على معلومات أمنية تتعلق بنشاطات إسلاميين "متطرفين" مقيمين في الأراضي السودانية[42].

3. الشركات والجامعات:

قامت "إسرائيل" بإنشاء شركات في إفريقيا تتركز نشاطاتها في العديد من المجالات، مثل إقامة المزارع لتربية الدواجن وتربية الماشية، وإنشاء مراكز التدريب والإرشاد الزراعي، وإقامة الصناعات الزراعية، مثل تعليب الفاكهة والخضار، وتعليب اللحوم، وأنشأت أيضاً شركات النقل البحري؛ مثل "شركة النجمة السوداء للملاحة البحرية" في غانا، وشركة الأسطول البحري في ليبيريا، كما أنشأت شركات الطيران، مثل مطار أكرا الدولي في غانا، وأقامت المدارس والجامعات؛ مثل جامعة هيل سيلاسي في أثيوبيا، والمستشفيات مثل مستشفى مصوع في إريتريا، وقد تسللت هذه الشركات إلى مختلف القطاعات الاقتصادية الإفريقية وحققت أرباحاً ضخمة أسهمت في دعم الاقتصاد الإسرائيلي، وفوق ذلك نجحت "إسرائيل" في إقامة الشركات المختلطة برأسمال إسرائيلي وإفريقي، مثل شركة تاجى في إريتريا، والشركة الليبيرية الوطنية للملاحة، وشركة سكر لبيع الثلاجات وأجهزة التكييف في غانا. وفي سنة 1971 تمكنت "إسرائيل" من إقامة مشاريع واسعة لشركاتها العاملة في إفريقيا والتي بلغت سبعين شركة ومؤسسة متخصصة، في حين أقامت 430 شركة أخرى مشاركة مع الحكومات الإفريقية بتكلفة تزيد على 500 مليون دولار[43].

كما فتحت "إسرائيل" في دول القارة مكاتب تجارية لتنشيط التبادل التجاري بينها وبين الدول الإفريقية، وأسهمت هذه الوسائل في تطوير التبادل التجاري. وفي هذا الصدد تعد جنوب إفريقيا الشريك التجاري الأول لـ"إسرائيل" في إفريقيا؛ حيث أظهرت أرقام

---

[42] حسن الرشيدي، السودان... نموذج للشرق الأوسط الأمريكي، موقع المسلم، 1424/4/1هـ، الموافق 2003/6/1م، انظر:
http://almoslim.net/node/85223

[43] سلطان حطاب، مرجع سابق، ص 87.

المعهد الإسرائيلي للتصدير وللتعاون الدولي The Israel Export and International Cooperation Institute وجود أكثر من 800 شركة ومصدراً إسرائيلياً يعملون فى جنوب إفريقيا. كما امتد النشاط الإسرائيلي إلى قطاع المعادن لاستغلال الثروات المعدنية في إفريقيا، فقد تولت بعض الشركات الإسرائيلية المتخصصة في التنقيب عن المعادن استخراج الماس في زائير "الكونغو" وجمهورية إفريقيا الوسطى وسيراليون، واستغلال مناجم الحديد في ليبيريا وسيراليون، واستخراج القصدير في الكاميرون وسيراليون، والرصاص والزنك من الكونغو[44].

ومن أهم الشركات التي تتولى تنفيذ المخططات الإسرائيلية في إفريقيا شركة بول باريل للأسرار، وشركة آباك APAC وهما شركتان فرنسيتان مملوكتان لعناصر يهودية، حيث تتبنى "إسرائيل" سياسة تهدف إلى إشعال وتصعيد الصراعات في إفريقيا، وذلك بهدف إسقاط أنظمة تسعى للتقارب مع الدول العربية من ناحية وإحكام السيطرة السياسية والاقتصادية الإسرائيلية على هذه الدول من ناحية أخرى. وليس خافياً في هذا المقام الدور الإسرائيلي في تصفية الرئيس الكونغولي لوران كابيلا Laurent Kabila الذي بدأ حكمه بتحجيم الوجود الإسرائيلي في الكونغو، ومحاولة تعظيم العلاقات مع الدول العربية[45].

وتدير تجارة "إسرائيل" مع إفريقيا شركات عامة وشبه عامة أهمها: كور ساحر - حوتس (كور للتجارة الخارجية)، وديزنغوف Dizengoff والداه، وهناك شركات خاصة مثل تديران Tadiran وطيبع، وتتفاوض مباشرة مع مختلف الدول الإفريقية، بالإضافة إلى شركات في مجال الخدمات وقعت عقوداً مع الدول الإفريقية تتراوح قيمتها بين 1.5 مليار دولار و3 مليارات دولار، وتنفذ شركة سوليل بونيه مشاريع كبيرة في كل من كينيا ونيجيريا وتوغو وزائير والغابون تشمل سلسلة من الطرق والمصانع والمباني العامة، يضاف إلى هذه الشركة شركات أخرى مثل أشطروم وايزوريم وتاهل Tahel، ويبلغ عدد العاملين الإسرائيليين في هذه الشركات أربعة آلاف شخص تقريباً وتقدر عائداتها بـ 35% من قيمة العقود في سنة 1983. وهكذا

[44] إدريس جالو، التغلغل "الإسرائيلي" في إفريقيا.

[45] محمود أبو العينين وآخرون، **التقرير الاستراتيجي الإفريقي 2001-2002م**، ص 379.

نشأت في سنوات الثمانينيات شبكة معقدة من النشاطات الاقتصادية الجريئة التي توثق علاقات "إسرائيل" مع إفريقيا[46].

ومن الشركات الأخرى التي تعمل في إفريقيا بجانب ما سبق:

أ. شركات للإنشاء والتعمير مثل:

- شركة سوليل بونيه عبر البحار للتشييد وعمل الموانئ المحدودة وهي فرع شركة سوليل بونيه التي يملكها الهستدروت وتختص بالعمل في الخارج.
- شركة التخطيط والإعمار الإسرائيلية Planning and Construction Corporation.
- شركة فنتشل وكرلي وروزوف للتتشييد والإعمار.
- شركة المهندي زلمان عثاب.
- شركة ميونت Mionot وهي تدعم شركة سوليل بونيه ومتخصصة في إدارة الفنادق.
- شركة أونازن ورازن Unazin & Razin وهي تدعم جهود شركة ميونت.
- شركة فيدرمان Fedrman للإنشاءات.
- شركة زينييتوت وتعدّ توأم شركة سوليل بونيه للاستثمارات الهندسية.
- شركة هاربر Harbor.
- شركة برميتسكي ومرغليت كاركو.

ب. شركات للمياه ومشاريعها المختلفة في الميدان الزراعي:

- شركة تطوير مصادر المياه الدولية المحدودة WRD، وتضم ثلاثة فروع رئيسية هي: شركة المياه الإسرائيلية ميكروت Israel National Water Company ,Mekorot الشركة الوطنية الدولية المحدودة للمزارع، شركة المشروعات المحدودة .Projects Company Ltd.
- شركة اجولايديف الزراعية.
- شركة تاهال للمياه .Tahal Water Planning for Israel Ltd.
- شركة التخطيط المائي .Water Planning Ltd.

[46] كمال إبراهيم، "عودة إسرائيل إلى إفريقيا: 1980-1990،" **مجلة الدراسات الفلسطينية**، بيروت، 1990، العدد 2، ص 239-240.

- شركة ميكروت للمياه وهذه تمتلكها الهستدروت وتشاركه فيها الحكومة والوكالة اليهودية.

- شركة سوثا Sotha لأعمال هندسة الري.

- شركة أجريدوف الزراعية وفرعها فيرد للعمل بإفريقيا.

ج. شركات تجارية مختلفة:

- شركة ديزنكوف وست إفريقيا.

- شركة ترومودكس للتجارة.

- شركة سكو للتجارة.

- شركة عميران المحدودة Amiran وهذه تملكها الحكومة.

- شركة كور الصناعية لتوفير المستلزمات الصناعية لشركة سوليل بونيه وغيرها من المشروعات الإسرائيلية.

- شركة أمالجميتيد أفريكا .Amalgamated Africa Ltd

- شركة أسكار Askar للمفروشات وهذه تدعم جهود سوليل بونيه أيضاً.

- شركة امبال للاستثمارات ويمتلكها الهستدروت.

- شركة غرب ووسط إفريقيا.

- شركة إفريقيا الشرقية التجارية.

- شركة غرب إفريقيا التجارية.

- شركة الأغذية المحفوظة إنكودا Incoda.

- شركة جونفات لتصنيع الأسماك.

- شركة إيتاجن .Etagin Ltd للقيام بالاستثمارات الزراعية والصناعية.

- شركة آسيس Assis للصناعات.

- شركة أمجات Amgat لصناعة البلاستيك.

- شركة أسيا للادوية.

- شركة ماير التجارية.

- شركة أموتا الصناعية للصناعات الكهربائية

- شركة سوجيكو الصناعية والاستثمارية[47].

---

[47] حمد المشوخي، **التغلغل الإسرائيلي في إفريقيا** (الإسكندرية: دار الجامعات المصرية، 1972)، ص 327-328.

الخلاصة:

لم تأل "إسرائيل" جهداً أو وسيلة في تعزيز مواقعها في القارة السوداء ووظفت إمكانياتها التكنولوجية العالية وقدراتها العسكرية في الوصول إلى مركز التأثير في أنظمة الحكم الإفريقية، لذا انتشرت الشركات والمؤسسات الإسرائيلية في إفريقيا بشكل واسع ما ساعد الزعماء الأفارقة في الاستفادة من خيرات بلادهم الزراعية والاقتصادية. كما انتشر المئات من ضباط الاستخبارات والجيش الإسرائيلي لتدريب الجيوش الإفريقية، وكان الدور الإسرائيلي واضح في تعزيز عدم الاستقرار في القارة الإفريقية مرة بمساعدة الحكومة وأخرى بمساعدة المعارضة ليبقى لها موطئ قدم ثابت في إفريقيا.

في اختراقها لإفريقيا استخدمت "إسرائيل" العديد من الأدوات للوصول إلى أهدافها ولعبت بشكل جيد في إدارة العلاقات مع الدول الإفريقية وفق الأوضاع والظروف التي تمر بها كل دولة، وكان الموساد المؤسسة الأولى التي مهدت وفتحت الطريق أمام الحكومات الإسرائيلية للوصول إلى علاقات دبلوماسية شبه كاملة مع العديد من الدول الإفريقية، فيما كانت الشركات والجامعات المؤسسة الثانية التي مهدت لهذه العلاقات حيث لعبت الخبرة الإسرائيلية في التعليم والاقتصاد دوراً مهماً في دفع الأفارقة لتعزيز علاقاتهم مع "إسرائيل".

التجربة الإسرائيلية فريدة في إفريقيا وتحتاج إلى الاستفادة منها والوقوف على كيفية صياغة السياسات الخارجية وتوظيف أدواتها ووسائلها لخدمة الأمن والاقتصاد والسياسة لأي دولة في أي مكان من العالم.

الفصل الثالث

محددات الاستراتيجية الإسرائيلية تجاه السودان

محددات الاستراتيجية الإسرائيلية تجاه السودان

المقدمة:

للسودان حدود مشتركة مع تسع دول إفريقية سبع منها يقيم علاقات مع "إسرائيل"، ولم يكن ذلك مصادفة فهو يعكس مدى الاهتمام الإسرائيلي بما يحدث في السودان ويعبر عن جهد إسرائيلي للعب دور في التطورات الحادثة فيه، والاستفادة منها في تدعيم أمنها واستقرارها عبر استراتيجية حلف المحيط التي اتبعتها منذ نشأتها.

وفي هذا الفصل سيتم التركيز على محددات استراتيجية "إسرائيل" ومصالحها في السودان حيث يلاحظ أن العلاقة بدأت باكراً مع نشأتها، فتواجدت بعثة تجارية لها في الخرطوم وبحثت عن روابط علاقات لها مع السياسيين السودانيين، ولكن مع انقلاب الجنرال إبراهيم عبود العسكري سنة 1958 انتقلت إلى مرحلة جديدة في تركيز علاقاتها على الجنوب السوداني.

كانت نظرية شدّ الأطراف ثم بترها حاضرة في الاستراتيجية الإسرائيلية تجاه السودان، فتمّ تركيز الدعم تجاه حركة التمرد في جنوب السودان وتشجعيها على استمرار الحرب ضدّ حكومة السودان المركزية لإشغال السودان عن أي التفات إلى قضاياه العربية والقومية، وكانت اكتشافات النفط في مرحلة متأخرة حاضرة في الاهتمام الإسرائيلي ليكون لها موطئ قدم في منطقة تشير المعطيات المختلفة إلى أنها تزخر به بكميات كبيرة.

مسألة المياه كانت حاضرة أيضاً في اهتمام "إسرائيل" بالسودان الذي يزخر بمنسوب عال من مياه الأمطار والأنهار والبحيرات، فمن خلال علاقتها مع الجنوب السوداني حاولت التأثير على الأمن المائي المصري والسوداني.

لم تغب مسألة يهود إفريقيا عن الاهتمام الإسرائيلي وهي تطبق استراتيجيتها في السودان، فقد استغلت علاقاتها الحميمة مع الرئيس جعفر النميري في فترة حكمه من 1969-1985 ليكون السودان محطة مهمة في تهجير عشرات الآلاف من يهود الفلاشا إلى "إسرائيل".

أولاً: أبعاد الاستراتيجية الإسرائيلية في السودان:

ترجع أهمية السودان "العربي ذي الأغلبية الإسلامية" بالنسبة إلى "إسرائيل" إلى ما يتمتع به السودان من موقع جغرافي، إذ يقع على طريق باب المندب المؤدي إلى إيلات بحرياً، ويشكل جناح جنوب شرقي لمصر. وفي أجواء العزلة التي كانت تمرّ بها "إسرائيل" مع بداية نشأتها كانت كل صلة سرية أو علنية مع دولة عربية تعتبر إنجازاً إسرائيليا سياسياً استراتيجياً من الدرجة الأولى.

من جهة أخرى يعتبر السودان نقطة مهمة وموقعاً استراتيجياً للتحكم في القارة الإفريقية ثقافياً أو عسكرياً أو سياسياً، لذلك وجد اهتماماً بالغاً من الولايات المتحدة و"إسرائيل" وفرنسا وبريطانيا.

إن استراتيجية "إسرائيل" في السودان لها عدة أبعاد:

1. القرب من الأقليات غير العربية في الوطن العربي، وإثارة النزعات العرقية والدينية لإحداث الفوضى والاضطراب داخل الدول العربية لكي تتلهى عن خطط "إسرائيل" التوسعية وهيمنتها في المنطقة. وفي هذا الإطار كان دعم "إسرائيل" لحركات الانفصال في جنوب السودان في طوره الأول (الأنانيا الأولى) وتواصل بإمداد جون قرنق زعيم حركة تحرير جنوب السودان بالأسلحة والتدريب.

2. تأسيس وجود قوي في حوض النيل جنوب مصر، حيث يساند خبراء في الري خطط أثيوبيا في بناء السدود على النيل للتحكم في مياه النيل التي يعتمد عليها الشعب المصري في حياته كورقة للضغط بها على الحكومة المصرية للسماح بضخ المياه في ترعة السلام المزمع إقامتها لتوصيل المياه إلى "إسرائيل" في المرحلة المقبلة اللازمة لمشروعاتها التوسعية.

3. تأمين الملاحة للسفن الإسرائيلية في البحر الأحمر، حيث تعرضت الملاحة في السابق لفرض الحظر عليها من قبل البحرية المصرية في أثناء حرب تشرين الأول/أكتوبر 1973 ما جعل"إسرائيل" تتنبه لأهمية هذه المنطقة وتكثف وجودها في إريتريا حيث أقامت هناك محطات للتنصت على المنطقة،

ويقوم خبراء عسكريون إسرائيليون بتدريب قوات القرن الإفريقي التي شكلتها وتزويدها بالمعدات اللازمة من سفن وسلاح لتتمكن "إسرائيل" من بسط نفوذها في المنطقة بما في ذلك السودان متعاونة مع الولايات المتحدة[1].

بدأت علاقات "إسرائيل" مع السودان قبل حصول الأخير على استقلاله سنة 1956، ببعثة تجارية إسرائيلية استقرت في مدينة الخرطوم سنة 1951، قوامها خمسون شخصاً لشراء المنتوجات والبضائع السودانية وإرسالها إلى "إسرائيل" عن طريق مدينة الكيب بجنوب إفريقيا وذلك تفادياً للإجراءات التي كانت تتخذها السلطات المصرية في مينائي السويس وبور سعيد لمنع تهريب كل ما ينطوي تحت معنى "الشؤون الحربية" إلى "إسرائيل"[2].

كانت الطائرات الإسرائيلية غالباً ما تهبط في مطار الخرطوم للتزود بالوقود ثم متابعة رحلاتها الجوية، وهو ما جعل الأمين العام للجامعة العربية في ذلك الحين يرسل مذكرة إلى الحكومة البريطانية في شباط/ فبراير 1951 للاستفسار عن ذلك، فكان ردّ بريطانيا التي كانت تحكم السودان بالمشاركة مع مصر أن من حق الطائرات الإسرائيلية أن تستعمل مطار الخرطوم بحجة أن بريطانيا والسودان ليسا في حالة حرب مع "إسرائيل"[3].

في عهد حكومة عبد الله خليل والتي كانت تخشى من نظام عبد الناصر، وصل أول مبعوث إسرائيلي استخباري، برضى الحكومة السودانية، ونتيجة لاتصالات بدأت سنة 1954 بين سياسيين سودانيين و"إسرائيل"، التقت في آذار/ مارس من السنة نفسها شخصية سودانية برفقة صحفي سوداني في فندق لندني مع دبلوماسي شاب يعمل في السفارة الإسرائيلية في بريطانيا اسمه مردخاي غازيت Mordechai Gazit.

ويزعم كتاب "إسرائيل والعلاقات مع العالم الإسلامي" أن الصادق المهدي رئيس حزب الأمة كان على علاقة مع الموساد سنة 1954، واجتمع برفقة محمد أحمد عمر رئيس تحرير جريدة النيل والناطق بلسان حزب الأمة مع مردخاي غازيت، وكان

---

[1] حسن الرشيدي، مرجع سابق.

[2] جهاد عودة، **إسرائيل والعلاقات مع العالم العربي والإسلامي** (القاهرة: مكتبة الأسرة، 2003)، ص 61.

[3] سامي عبد القوي، **تقسيم السودان أحد الخيارات الأمريكية الإسرائيلية** (القاهرة: الدار العربية للدراسات والنشر، قسم البحوث والدراسات، 2003) ص 16.

آنذاك دبلوماسياً شاباً في السفارة السودانية بلندن، وكان هدف السودان آنذاك الاستعانة بـ"إسرائيل" لكي تكسب الرأي العام اليهودي في الغرب من أجل الحصول على الاستقلال، أما غازيت فكان يريد إقامة علاقات تجارية بين السودان و"إسرائيل" تخفف من حدة العزلة العربية[4].

وفي 1997/5/15، بثّ التلفزيون الإسرائيلي القناة الأولى، فيلماً وثائقياً حول رؤوفين شيلواح الذي كان أحد الذين بلوروا السياسة الخارجية الإسرائيلية، ومن الآباء المؤسسين للاستخبارات والتجسُّس. وتحدث في هذا الفيلم الوثائقي حنان بار أون Hanan Bar-On، رجل الموساد وأحد كبار موظفي وزارة الخارجية، باختصار عن مهمته السرية ما بين سنتي 1958-1960 في القرن الإفريقي، وكتب البروفيسور غباي فيربورغ، الخبير الإسرائيلي في الشؤون السودانية، مقالة نشرها في نيسان/ أبريل 1992 حول ذلك اللقاء الأول بين سياسيين سودانيين و"إسرائيل"[5].

توالت الاتصالات واللقاءات بين "إسرائيل" والسودان بعد استقلال السودان سنة 1956 بين "السياسيين السودانيين" وممثلي "إسرائيل"، حيث اجتمعت جولدا مائير مع رئيس حكومة السودان عبد الله خليل في صيف سنة 1957، وفي تلك المباحثات بين مائير وخليل اتُّفق على إرسال خبراء زراعيين ومستشارين مدنيين وعسكريين إسرائيليين إلى السودان، كما تمّ التوصل إلى اتفاق بأن يسمح السودان لطائرات شركة طيران العال EL AL بالهبوط والتزود بالوقود في طريقها إلى جنوب إفريقيا، وبناء محطة للموساد.

ويشير رئيس الموساد إيسار هرئيل Isser Harel (1952-1963) الذي واصل سياسة الضواحي، أي "الدائرة الخارجية المحيطة" التي اتبعها سابقه رؤوفين شيلواح، بأن تلك المباحثات بين جولدا مائير وعبد الله خليل، تمخضّت عن إقامة "المثلث الجنوبي"، وبناءً على التقارير الأجنبية كان "المثلث الشمالي" تسمية لإطار سري من اللقاءات، بين الاستخبارات السرية الإيرانية والتركية والإسرائيلية، والمثلث الجنوبي كان مخابرات السودان و"إسرائيل" وأثيوبيا، ونجح ممثل الموساد في السودان، بعد استلام الفريق إبراهيم عبود السلطة في 1958/11/17، في مغادرة الخرطوم. ومرّت منذئذ 25 عاماً، حتى

---

[4] جهاد عودة، **مرجع سابق**، ص 65.

[5] عبد المحمود الكرنكي، جريدة **الأحداث**، السودان، 2008/2/5.

تمكّن الموساد من إقامة محطته مجدداً في الخرطوم سنة 1983 في عهد الرئيس السوداني السابق جعفر نميري بعدما التقى مع الوزير في حكومة مناحيم بيجن Menachem Begin أريل شارون Ariel Sharon[6].

ويكشف النميري أنه بدأ اتصالاته بـ"إسرائيل" منذ سنة 1965 عندما كان ضابطاً يشارك في دورة من دورات التعاون بين السودان والولايات المتحدة، حيث أقام اتصالات مع شخصيات إسرائيلية جاءت بعدها في زيارات سرية إلى السودان لم يتم الإعلان عنها[7].

سار الرئيس جعفر نميري عند الاستيلاء على السلطة في أيار/ مايو 1969 على خطى مصر بالنسبة للصراع العربي الإسرائيلي، الأمر الذي أجبر "إسرائيل" على اتباع سياسة الضواحي "أعداء أعدائي هم أصدقائي". وكانت "إسرائيل" قد شرعت في مساعدة المتمردين في جنوب السودان عسكرياً سنة 1966 من خلال ذراعهم العسكري "أنانيا". وتولى خبراء إسرائيليون تدريبهم بينما كانت تصلهم إرساليات السلاح الإسرائيلية، من خلال بعثات الموساد في أديس أبابا وأوغندا، وعلى الرغم من أن توقيع اتفاق بين الرئيس جعفر نميري، والمتمردين في آذار/ مارس 1972 "اتفاقية أديس أبابا"، وضع حداً للتدخل الإسرائيلي في جنوب السودان إلا أن الروابط الإسرائيلية مع نظام نميري عادت للظهور بعد اتفاق السلام المصري - الإسرائيلي "اتفاقية كامب ديفيد"، وتأييد الرئيس جعفر نميري لذلك الاتفاق حيث أعاد الموساد بناء بعثته في السودان والتي كانت على اتصال مع اللواء عمر محمد الطيب رئيس المخابرات السودانية، وقد أسفرت تلك العلاقة عن تهجير 60 ألف يهودي أثيوبي عبر السودان وصل معظمهم في جسرين جويين في سنتي 1984 و1991.

تطورت علاقة "إسرائيل" بالسياسيين السودانيين المعارضين الشماليين في التجمع الوطني الديمقراطي إلى مرحلة أبعد منذ سنة 1989، حيث زار عدد من قيادات المعارضة في الشمال تل أبيب، وأتاحت تلك الصلات الإسرائيلية - السودانية الجديدة الفرصة لتل أبيب للتواجد في حدود السودان، حيث صارت تمتلك قواعد على حدود السودان الشرقية، بعد أن كانت ناشطة فقط من قبل في جنوب البلاد، وذلك اختراق إسرائيلي استراتيجي جديد للسياسة السودانية.

---

[6] جريدة **الحياة الجديدة**، رام الله، 1997/6/2.

[7] جهاد عودة، **مرجع سابق**.

نشرت دورية أفريكا كونفيدينشيال Africa Confidential اللندنية المتخصصة في عددها الصادر في 1995/8/4 "أن مستشارين إسرائيليين يشرفون في إريتريا على الأنشطة العسكرية لجماعات المعارضة العسكرية السودانية التابعة للتجمع الوطني الديمقراطي". ما يوضح أن "إسرائيل"، في إطار اهتمامها بالسودان ومنابع النيل، قد استقطبت سياسياً التجمع الوطني الديمقراطي، وأصبحت إلى جانب جهاز المخابرات المركزية الأمريكية سي آي أي CIA، ترعى وتشرف على نشاطه العسكري في حدود السودان الشرقية. وهناك العديد من التقارير الصحفية البريطانية عن الصلات الوثيقة بين "إسرائيل" والتجمع الوطني الديمقراطي السوداني المعارض[8].

ثانياً: نظرية شدّ الأطراف وبترها:

وجهت "إسرائيل" جهودها لإقامة علاقات مع الأقليات العرقية والطائفية في الأقطار العربية، لا سيّما تلك الأقطار المحاطة بدول غير عربية (العراق، سورية، السودان) وتلك الاستراتيجية صاغها ورسم خطوطها فريق الخبراء الذي تشكل بتكليف من ديفيد بن جوريون، بيد أن الاهتمام بالأقليات يعود إلى مرحلة مبكرة من ذلك، تسبق تلك الحقبة التاريخية وتعود إلى سنوات عقدي الثلاثينيات والأربعينيات عندما توصل قادة الحركة الصهيونية إلى استنتاج مؤداه أن هذه الأقليات تمثل حليفاً طبيعياً لـ"إسرائيل"، وقد ترجم هذا الاهتمام المبكر في مراحل لاحقة إلى منهاج اعتمد في نطاق استراتيجية حلف المحيط، بوصفه أداة يمكن استخدامها (أي الأقليات) لإضعاف الدول العربية من خلال تفتيت جهودها وتشتيت طاقاتها وتفويض وحدتها الوطنية[9].

السياسة الإسرائيلية المنسقة نحو الأقليات في بداية الخمسينيات التي اعتمدت قاعدة "فرق تسد"، والتي أفاض في شرحها وتفسيرها كل من رؤوفين شيلواح وإلياهو ساسون Eliyahu Sasson وموشيه شاريت Moshe Sharett، استهدفت العمل على تشتيت الطاقة العربية، إما عن طريق افتعال المشاكل مع الدول الغربية عبر دول الجوار غير العربية، أو من خلال التحالف مع الأقليات التي تعيش في تلك الأقطار: كالأكراد

[8] محمد الكرنكي، **الأحداث**، 2008/2/5.

[9] موشي فرجي، **مرجع سابق**، ص 57.

في العراق، وسكان جنوب السودان، والموارنة في لبنان، والدروز والأكراد في سورية، والأقباط في مصر، وأقليات أخرى في دول عربية مختلفة[10].

توخت "إسرائيل" من وراء تبني مبدأ دعم الأقليات العربية، التي تعيش في عدد من الأقطار العربية، إلى تحقيق سياسة "فرق تسد" واتخاذها أسلوب عمل باعتبارها أنجح الأساليب والوسائل لتفتيت الوطن العربي من خلال إيجاد كيانات انفصالية. وكانت الدوائر الإسرائيلية تأمل في إعادة توزيع القوى في المنطقة على نحو يجعل منها مجموعة من الدول الهامشية المفتقدة لوحدتها وسيادتها، مما يسهل على "إسرائيل" وبالتعاون مع دول الجوار غير العربية مهمة السيطرة عليها الواحدة تلو الأخرى فيما بعد.

بلورة المنهجية والتوجُّه الاستراتيجي الاستخباري الإسرائيلي، تمت بدرجة كبيرة بناء على فلسفة استندت إلى أن "إسرائيل" محاطة بالدول العربية والإسلامية المعادية، ولذلك يتوجب عليها أن تبحث عن حلفاء في الدائرة الخارجية خلف الدائرة العربية المحيطة بها في الشرق، كما تبحث عن حلفاء في أوساط الأقليات العرقية في الدول العربية والإسلامية، ووفقاً لهذه المنهجية الإسرائيلية الاستخباراتية، أصبحت تل أبيب تنظر إلى المسيحيين في السودان، بمثابة رصيد احتياطي للصداقة والتحالف، وهي النظرة نفسها إلى الأكراد في العراق والدروز في سورية والأقليات المسيحية في لبنان[11].

وفي ضوء ذلك، ينظر للسودان في الفكر الاستراتيجي الإسرائيلي على أنه مجموعة عرقيات وأقليات تختلف فيما بينها. وانطلاقاً من هذه النظرة اتخذت "إسرائيل" من السودان حقلاً لتطبيق استراتيجيتها المعروفة بـ"بشد الأطراف ثم بترها"، ومن ثم اهتم واضعو هذه الاستراتيجية برصد وملاحظة كل ما يحدث في السودان عن طريق إيجاد ركائز إما حول السودان أو داخله وذلك من خلال دعم حركات التمرد والانفصال به، وهو ما تعتبره "إسرائيل" مهماً لأمنها، فبادرت إلى دعم التمرد في جنوب السودان ومدها بالسلاح وتدريب كوادرها وقادتها الأمر الذي سمح بتقوية قدراتها العسكرية واتخاذ موطئ قدم لها في مناطق واسعة بجنوب السودان[12].

---

[10] حلمي الزعبي، **أبعاد الدعم الإسرائيلي لحركة التمرد في جنوب السودان** (القاهرة: الدار العربية للدراسات والنشر، قسم الدراسات الإستراتيجية، 1996)، ص 4.

[11] **الحياة الجديدة**، 1997/6/2.

[12] سامي عبد القوي، "الدور الإسرائيلي في دعم وتدويل أزمة دارفور،" **السياسة الدولية**، العدد 167، 2007، ص 200.

رأت "إسرائيل" في المجتمع السوداني مجموعة عرقيات وأقليات بدون تاريخ موحد، لذا سعت إلى اختراق قلب وعقل النخب بأوهام أن لكل أقلية أو عرق تاريخاً وشخصية على حدة، ومن هنا سعت لتمكين الأقليات أو الأعراق الإفريقية في الشأن السوداني وتمليكه المزايا الاستراتيجية التي تهم "إسرائيل" كالممرات البحرية والمجالات الجوية وخطوط المواصلات والثروات المعدنية.

استندت الرؤية الإسرائيلية على ضرورة إيجاد اصطفاف سياسي متجانس ومترابط متحالف مع الغرب دولاً وأجهزة مخابرات ومجالس تشريعية ومنظمات مجتمع مدني وكنيسة، كما لجأت إلى تسويق هذه الاستراتيجية لاستثمار الخوف الحادث في المجتمعات الغربية من أخطار الأصولية وربط السودان بذلك حتى يبارك الغرب استراتيجية تفكيك السودان وتقطيع أوصاله باعتباره يهدد سلامة جيرانه ويهدد استقرار المنطقة[13].

ويعدّ أوري لوبراني, Uri Lubrani، مستشار ديفيد بن جوريون للشؤون العربية, مهندس هذا المخطط الذي كان يتوخى حبك الخطط المتقنة والموجهة لضرب الوحدة الوطنية في الأقطار العربية المحيطة بـ"إسرائيل"، حيث يقول "لا بدّ من رصد وملاحظة كلّ ما يجري في السودان ذلك القطر الذي يشكل عمقاً استراتيجياً لمصر بالإضافة إلى سواحله المترامية على البحر الأحمر مما يشكل له موقعاً استراتيجياً وهذا يتطلب منا خلق ركائز إما حول السودان أو في داخله"، كما أن لوبراني أشار إلى "ضرورة إيجاد مقومات لتقديم الدعم إلى حركات التمرد والانفصاليين في جنوب السودان"[14].

وفي حلقة دراسية نظمها مركز ديان لدراسات الشرق الأوسط وإفريقيا في منتصف شهر تشرين الثاني/ نوفمبر 2002، أشار لوبراني إلى استمرار هذا الدور بقوله "لا نستطيع أن نتصور تغيرات جادة فوق الساحتين العراقية والسودانية دون إشراك إسرائيل وبشكل مباشر ومؤثر في عملية التغييرات"، وهو يلمح بذلك إلى تباينات ظهرت خلال اللقاءات السرية والعلنية مع الولايات المتحدة حول رؤى الجانبين للوضع في العراق وكذلك بالنسبة لملفات أخرى مثل السودان وتجاهلها عن حقّ "إسرائيل" في جني مكاسب من وراء إعادة هيكلة الأوضاع في العراق والسودان ودولاً أخرى لتعويضها

---

[13] حسن مكي، 26 سبتمبر، 2004/5/20.

[14] موشي فرجي، مرجع سابق، ص 20.

عن الجهد والمال وحتى الدم الذي بذلته في هذه الدول، ويؤكد لوبراني أن "إسرائيل" أغدقت المساعدات على الأكراد في شمال العراق لتمكينهم من نيل الاستقلال وكذلك دعم الجنوبيين في السودان وميليشيات حزب الكتائب في لبنان[15].

تطلبت عملية إيصال الدعم الإسرائيلي المادي والمعنوي لمتمردي جنوب السودان توافر مجموعة من المقومات لتكون بمثابة نقاط الارتكاز والانطلاق، لأن السودان من الناحية الجغرافية يعدّ بعيداً نسبياً عن "إسرائيل"، فقد اقتضى ذلك توفر هذه المقومات كضرورة للوصول إليه من خلال مواقع مجاورة ومتاخمة له، ولذا كان التفكير المنطقي أن تكون هذه المواقع في أثيوبيا وأوغندا وكينيا.

حاول أوري لوبراني وهو أحد أبرز المخططين لهذه الاستراتيجية ثم المساهمين في إنجاز مراحل مهمة منها، عندما عمل سفيراً لـ"إسرائيل" في أثيوبيا وفي تركيا وإيران، أن يختزل تفسير هذه الاستراتيجية في عدة أشياء أهمها على سبيل المثال: أن استراتيجية شدّ الأطراف ثم بترها هي التي أخذت بيد العديد من الجماعات نحو تحقيق أهدافها في الانفصال وتكوين هويتها الوطنية والثقافية والقومية بعيداً عن الهوية المفروضة عنوة من قبل العرب والمسلمين، واتساقاً مع هذا التوجه الاستراتيجي الإسرائيلي بلورت الزعامة الإسرائيلية والتي تنطلق في مواقفها وممارستها من أرضية أيديولوجية قائمة على إضعاف الوطن العربي عن طريق التجزئة والتفتيت لضمان بقاء "إسرائيل" القوة الإقليمية المتسيدة والمهيمنة بلا منازع[16].

وقد وضع هذا التبلور في شكل وثيقة أعدها مجموعة من الخبراء المتخصصين في شؤون المنطقة العربية ودول الجوار من بينهم أوري لوبراني، الذي يعتبر الخبير رقم واحد في شؤون الأقليات والعلاقات مع دول الجوار (تركيا، وإيران، وأثيوبيا)، وموشيه ماعوز Moshe Ma'oz، المختص بالشؤون السورية واللبنانية والبروفيسور ميخائيل فار بورج، ويهوديت رؤتين في شؤون السودان، وزئيف ابتان في شؤون العراق، و عاموس جلبوع Amos Gilboa المختص بالشؤون المصرية، وروبين باز ورفائيل يسرائيل في شؤون المغرب، وقد احتشد هذا الفريق الإسرائيلي المختص في شؤون المنطقة معزز بتوجيهات رئيس الوزراء الإسرائيلي بنيامين نتنياهو في ولايته

---

[15] الدار العربية للدراسات والنشر، قسم البحوث والدراسات، نشرة التقرير اليومي، 2002/12/3.

[16] موشي فرجي، **مرجع سابق**، ص 48.

الأولى (1996-1999) ووزير الدفاع الأسبق إسحق مردخاي Yitzhak Mordechai الذي تربطه ببعض الأقليات علاقات خاصة ولا سيّما الأكراد. وتشير الوثيقة إلى أهمية تقديم الإسناد والدعم للأقليات باعتبارها أقليات متحالفة مع "إسرائيل" وحليفة لها، لأن تقوية هذه الأقليات ودعم طموحاتها يترتب عليها أضعاف عناصر القوة لدى العالم العربي حتى لا يحتشد أو يتجمع في مواجهة "إسرائيل"[17].

ولا شكّ أن هذه الرؤية الإسرائيلية للعب دور إقليمي واسع ومؤثر ليست جديدة بل هي إحدى تفريعات استراتيجية "إسرائيل" والتي عرفت باستراتيجية شدّ الأطراف أي إقامة تحالفات مع دول الجوار أولاً لإشغال الدول العربية في خلافات وصراعات مع هذه الدول، حتى تستنفذ الطاقات العربية في أكثر من جهة وساحة لتبقى "إسرائيل" بمنأى عن تركيز وحشد هذه الطاقات في مواجهتها.

وأي تحليل لخطوات "إسرائيل" منذ حرب الخليج الثانية سنة 1991 وما أدت إليه من تضعضع في النظام العربي، وكذا منذ انهيار الاتحاد السوفييتي يثبت أن التزام "إسرائيل" بهذه الاستراتيجية أضحى أكثر تبلوراً وبروزاً على الصعيد العالمي التي تمثل شمالاً بالتحالف العسكري التركي - الإسرائيلي المستند على دعم الولايات المتحدة، وجنوباً في تمدد الاستراتيجية الإسرائيلية في جنوب البحر الأحمر عبر التحالف مع إريتريا، وفي منابع النيل عبر تغيير خريطة القوى السياسية وفكّ وتركيب المنطقة.

واعتبر الكثير من المحللين الإسرائيليين أن نشر الطائرات الإسرائيلية شرق تركيا نتيجة الاتفاق العسكري الإسرائيلي - التركي في شباط/ فبراير 1996، وانتزاع جزيرة حنيش الكبرى من القوات اليمنية بواسطة إريتريا، يندرجان في إطار استراتيجية وقائية تنفذها "إسرائيل" تحسباً لتهديدات سودانية ويمنية محتملة تعرض الخطوط الملاحية في البحر الأحمر للخطر، ولمواجهة أي تهديد يمكن أن يصدر عن إيران[18].

لقد أصبحت "إسرائيل" تعتبر السودان واحداً من أبرز مصادر تهديد أمنها في ظلّ احتمالات تحالف سوداني مع إيران التي تخشى "إسرائيل" من نفوذها في الدول

---

[17] المرجع نفسه، ص 49.

[18] أحمد عبد الحليم، "أمن البحر الأحمر: الماضي والحاضر والمستقبل،" قضايا استراتيجية، القاهرة، المركز العربي للدراسات الاستراتيجية، العدد 2، 1996، ص 27.

الإفريقية ذات الأغلبية المسلمة، إذ قامت الاستراتيجية الإسرائيلية في التسعينيات على إمكانية مواجهة عدو خارجي يقوم على تحالف بين دولتين قد يكونان إيران والعراق من الشرق، أو إيران والسودان من الجنوب.

وجاء هجوم سلاح الجو الإسرائيلي على قافلة شاحنات في السودان تردد أنها تحمل سلاحاً في طريقها إلى قطاع غزة خلال الحرب الإسرائيلية عليه بين 2008/12/27 و2009/1/17، ليؤكد على الاستراتيجية الإسرائيلية التي ترى في السودان خطراً يهدد أمنها تحت دعوى أنها تدعم منظمات إسلامية تقاتل "إسرائيل" منها جهات فلسطينية. وقد ألمح رئيس الوزراء الإسرائيلي السابق إيهود أولمرت Ehud Olmert إلى ذلك بقوله:

كانت انجازات ذات مغزى في حملة "رصاص مصهور" [الرصاص المصبوب]، نحن نعمل في كل مكان يمكننا فيه أن نضرب بنى "الإرهاب". في أماكن قريبة، في أماكن أقل قريباً، في كل مكان يمكننا أن نضرب بنى "الإرهاب" نحن نضرب، ونضرب فيها بشكل يؤدي إلى توسيع الردع، تشديد الردع، تعزيز الردع وتعزيز صورة الردع[19].

وحاولت الأوساط الإسرائيلية الربط بين الشاحنات التي شقت طريقها من بور سودان، مدينة الميناء السودانية نحو مصر وإيران، مشيرة إلى أنه منذ انقلاب 1989 الذي جاء بالرئيس السوداني عمر البشير للحكم، تعزز إيران علاقاتها مع الخرطوم، وفي هذا السياق تطرقت إلى زيارة البشير إلى إيران سنة 2006، ووزير الدفاع الإيراني مصطفى محمد النجار للسودان خلال شهر آذار/ مارس 2009، والتوقيع مع نظيره السوداني على سلسلة من الاتفاقات للتعاون العسكري تضمنت تدريب الجيش الإيراني وحدات عسكرية سودانية وتزويد السودان بسلاح متطور[20].

وقد ساندت "إسرائيل" التحرك الإريتري - الأثيوبي الداعم للمعارضة السودانية في حربها ضدّ الحكم السوداني وأصبحت إريتريا وإثيوبيا بمثابة المفاتيح الإقليمية في سياسة الولايات المتحدة لمحاصرة السودان. وفي هذا السياق يأت الدعم الواسع لـ"إسرائيل" على امتداد العقود الماضية والذي ازداد اتساعاً خلال عقد التسعينيات من القرن العشرين ومطلع القرن الحادي والعشرين.

---

[19] نشرة المصدر السياسي، القدس، 2009/3/27.

[20] نشرة المصدر السياسي، 2009/3/27.

ونوه ديفيد كيمحي المدير العام الأسبق لوزارة الخارجية الإسرائيلية، في ندوة نظمها مركز الدراسات الاستراتيجية بجامعة تل أبيب سنة 1990، إلى الوضع في السودان بالقول أن دور "إسرائيل" ودعمها لجنوب السودان غير العربي وغير الإسلامي (المسيحي الوثني) ضدّ الشمال العربي والإسلامي، كان حاسماً في مساعدة الجيش الشعبي لتحرير السودان والفصائل الجنوبية الأخرى ومن أجل فرض سيطرته على جنوب السودان، وربط بين ذلك الدعم وبين ما أسماه المصالح الاستراتيجية والسياسية الإسرائيلية كما أكدها القادة الإسرائيليون منذ عهد بن جوريون حتى الآن متمثلة في فكرة الأمن والتي تعني بداهة تفتيت الأقطار العربية إلى دويلات وكيانات عرقية وطائفية متصارعة[21].

وفي تناولها لهذا الموضوع فإن المؤسسات البحثية الإسرائيلية تتحدث ببعد ديني إثني عن الوضع في جنوب السودان، وعلى سبيل المثال جاء في مقال نشره موقع مركز ديان لدراسات الشرق الأوسط وإفريقيا، أن الصراع المتواصل في السودان لم يحمل فقط أبعاداً إقليمية لكنه ظهر كصراع عرقي "عرب ضدّ أفارقة"، وديني "مسلمون ضدّ مسيحيون وأديان أخرى"[22].

اتضحت أبعاد الدور الإسرائيلي في تنفيذ استراتيجية شدّ الأطراف ثم بترها في الاهتمام بدور علني في دارفور عبر تبني هذه المسألة من زاوية إنسانية ذات غطاء سياسي من خلال الاهتمام بمراعاتها في الترتيبات الدولية الخاصة بمستقبل دارفور الذي أثارت ثرواته من النفط واليورانيوم أطماع الدول الكبرى خاصة الولايات المتحدة التي كشفت دراسة استراتيجية أمريكية أنها ترتب لتقسيم السودان لثلاث دول إحداها في الجنوب والثانية في الشمال والثالثة في دارفور[23].

---

[21] حلمي الزعبي، **مرجع سابق**، ص 15.

[22] Irit Back, Darfur: A View from the Arab World, Telavivnotes, 19/6/2008.
http://www.dayan.org/Irit%20Back_darfur.pdf

[23] عبد القادر شهيب، مجلة **المصور**، القاهرة، 2007/11/16.

ثالثاً: الأطماع الإسرائيلية في النفط والمياه:

1. النفط:

يتمتع السودان بمخزون كبير من النفط والمياه والثروات الأخرى ما جعله محط أنظار القوى الدولية المختلفة ومن بينها "دولة إسرائيل" التي أبدت اهتماماً أوسع بالسودان مع الاكتشافات النفطية والمائية خاصة في منطقة دارفور، وهو ما تبدى في اهتمامها بقضية لاجئي دارفور، وتقديم المساعدات لهم تحت غطاء إنساني يخفي وراءه أبعاداً سياسية. وكانت إشارة وزيرة الخارجية الإسرائيلية تسيبي ليفني واضحة في هذا السياق عندما أعلنت في 2006/5/24، أن حكومتها ستساعد في إيجاد حلّ للأزمة في إقليم دارفور السوداني، وذلك خلال لقاء جمعها مع عدد من السفراء الأفارقة في تل أبيب، حيث ناقشت معهم الأزمة في الإقليم[24]. وقال وزير الطاقة والتعدين السوداني الزبير أحمد حسن أن الإنتاج السوداني من النفط وصل إلى 500 ألف برميل يومياً، بزيادة قدرها 200 ألف برميل يومياً. وقال أن عوائد النفط أصبحت تمثل 98% من موازنة حكومة الجنوب، و55% من الموازنة القومية. مشيراً لعودة شركة توتال الفرنسية للاستثمار Total مرة أخرى، في ولاية جونقلي الجنوبية، بالإضافة لشركات عالمية أخرى تقوم بالتنقيب عن النفط في مناطق مختلفة من السودان، من ضمنها شركات صينية وهندية وكويتية وماليزية وأندونيسية، بالإضافة لشركة لوندي السويسرية Lundi، وعدد مقدر من شركات عربية تقدم خدمات البترول. كما أشار لعدم وجود شركات أمريكية بعد انسحاب شركة مارثون، كجزء من الضغوط الأمريكية المفروضة على السودان (ميرغني، 2003)[25].

وتشير كافة التقديرات إلى أن السودان يمتلك احتياطات كبيرة من النفط، وهو ما أكده وزير الدولة للصناعة والاستثمار السوداني علي أحمد عثمان حيث قال: إن الاحتياطي المؤكد للسودان من النفط مرشح للارتفاع إلى ملياري برميل خلال السنوات الثلاث المقبلة. وتؤكد الأبحاث الجيولوجية والدراسات، أن الاحتياطات الإجمالية للنفط السوداني تبلغ ما بين 600 إلى 1,200 مليون برميل مع احتياطي مرجح يصل إلى 800 مليون برميل، ويؤكد ذلك أن ما تمّ اكتشافه حتى الآن لا يمثل سوى 20% من

---

[24] رفعت سيد أحمد، الموساد يخترق السودان مهدداً عروبته!! (قضيتا الجنوب ودارفور أنموذجاً).

[25] جريدة الشرق الأوسط، لندن، 2008/3/10.

المساحة المحتمل وجود مكامن بترولية بها[26]، كما أثبتت الدراسات الجيولوجية التي أجريت في جامعة برلين تحت إشراف البروفيسور كلينشن، أن التراكيب الجيولوجية لأرض السودان تمتلئ في باطنها واحدة من أفضل المناطق البكر في العالم والمحملة بالنفط العالي الجودة.

ويحوز إقليم دارفور أهمية استراتيجية واقتصادية بالغة على أجندة المخططات الإسرائيلية أو الأمريكية الداعمة لها على طول الخط، حيث موقعه المحاذي لبحيرة بترولية ضخمة تمتد من إقليم بحر الغزال مروراً بتشاد والنيجر وموريتانيا ومالي والكاميرون، وبالتالي فإن السيطرة عليه يعد بمثابة صمام الأمان لسهولة تدفق النفط المستخرج من هذه المنطقة، وكونه أيضاً أحد أكبر المناطق الغنية بالنفط على مستوى العالم، والتي لم يتسنَّ استغلالها حتى الآن بسبب ما تشهده السودان من صراعات وحروب أهلية منذ فترة طويلة. كما يحتوي الإقليم على كميات ضخمة من الثروات المعدنية، وعلى رأسها اليورانيوم، وقد أشار الرئيس السوداني عمر البشير إلى أن دارفور تزخر بأكبر كميات يورانيوم في العالم، وأن الدوائر الغربية تمتلك إحصائيات ووثائق عن الثروات الكامنة فيها، هذا بالإضافة إلى البترول[27].

في ضوء ذلك لم يكن النفط في يوم من الأيام شأناً اقتصادياً أو تجارياً فحسب وإنما كثيراً ما اندرج في سياق السياسة والصراع من أجل النفوذ وتحقيق الأغراض والمآرب الخاصة. ومع وصول ثورة الإنقاذ الوطني في السودان إلى سدة السلطة في 1989/6/30 وتفكيرها في إحياء مشروع النفط السوداني، دخل النفط حلبة الصراع السياسي الدائر بين حكومة الإنقاذ من جهة وبين حركة التمرد وأحزاب المعارضة من جهة أخرى.

ظهرت ملامح الصراع وبرزت في أمرين باديين للعيان هما:

- الأول: محاولات التجمع الوطني الديمقراطي السوداني المتكررة (ثلاث مرات) ضرب أنبوب التصدير من جهة الشرق عبر التسلل من دولة إريتريا المجاورة التي تستضيفه، غير أن هذه المحاولات لم تكن فاعله أو مؤثرة إذ كانت تُحتوى وتحاصر في حينها.

---

[26] مجدي صبحي، "النفط وإنهاء الحرب الأهلية في السودان،" السياسة الدولية، 2002، العدد 150، ص 244-247.

[27] أحمد الشيمي، نوايا إسرائيلية أمريكية لضرب الأمن القومي العربي، انظر:

http://almutamar.org/details.php?rsnType=1&id=160

- الثاني: اقحام حركة التمرد لموضوع النفط في صراعها مع الحكومة حيث وضعت إيقاف ضخه وتصديره شرطاً لازماً لوقف إطلاق النار الدائم بينها وبين الحكومة. إلى جانب ذلك رصدت الأموال والتسهيلات اللوجستية من قبل الكونجرس الأمريكي United States Congress ووزارة الخارجية الأمريكية لحركة التمرد، باعترافهما وفي وثائق مشهورة ومنشورة، ليصبح بإمكانها تحديد آبار النفط في ولاية الوحدة إحدى ولايات بحر الغزال الكبرى، وبالفعل تمّ الهجوم على ولاية بحر الغزال في سنة 2004، ولكن تمّ احتواء الهجوم وتمكنت الحكومة من صده[28].

ومع بدء تدفق النفط السوداني إلى الأسواق العالمية ثارت ثائرة الأطراف المعادية للسودان، وبدأت الحملات الإعلامية المعادية تشن ضدّ حكومة الخرطوم وتتهمها بأنها تمول حربها ضدّ المتمردين من عائدات النفط وأنها تنفق ما بين 300-400 مليون دولار من هذه العائدات لشراء الأسلحة. كما ترافقت هذه الحملة مع عمليات عسكرية يشنها المتمردون بين فترة وأخرى على الحقول النفطية، وتهديدات الشركات بضرورة وقف عملياتها في السودان.

وقد اشتد أوار الحملة الدولية ضدّ النفط في السودان منذ مطلع حزيران/ يونيو 2001 وبشكل لم يسبق لها مثيل، فقد أطلق إشارة البدء لهذه الحملة العقيد المتمرد جون قرنق في مؤتمر الإيقاد الذي عقد في 2001/6/2، حينما خاطب رؤساء دول الإيقاد بقوله: "إذا كنتم تريدون وقفاً شاملاً للقتال فيجب على الحكومة السودانية أن توقف إنتاج هذا القاتل [النفط]، لا معنى لوقف النار في الجنوب طالما بقي النفط يتدفق ويقتل شعبنا". وقامت مجموعات الضغط المؤيدة لحركة التمرد بتحريض الكونجرس والإدارة الأمريكية لتكثيف ضغوطهما على الشركات العاملة في المشروع السوداني، وبخاصة الشركات الكندية والأوروبية لوقف العمل والانسحاب من المشروع جملة واحدة وإلا خضعت لعقوبات منها الحرمان من تداول الأسهم في بورصة نيويورك، كما جاءت بذلك قرارات صادرة عن الكونجرس للإدارة الأمريكية التي طالبت بدورها بتجميد عائدات النفط ووضعها في حساب خاص بدعوى أن الحكومة السودانية تستغل تلك الأموال في تسليح الجيش، وشنّ عمليات عسكرية ضدّ الجنوبيين[29].

---

[28] موسى يعقوب، صراع النفط في جنوب السودان، 2004/10/3، انظر:
http://www.aljazeera.net/NR/exeres/76B66317-C7AE-4891-9CC2-21DF6113ED33

[29] موقع ميدل إيست أونلاين، انظر: http://www.middle-east-online.com/sudan/?id=267

اتضحت الأبعاد النفطية في الاهتمام الإسرائيلي بالسودان في تصريحات أوري لوبراني أحد مصممي سياسة شدّ الأطراف ثم بترها عندما قال أنهم لا يستطيعون أن يتصوروا تغييرات جادة فوق الساحتين العراقية والسودانية دون إشراك "إسرائيل" وبشكل مباشر ومؤثر في عملية هذه التغييرات. وبهذا الصدد يشير فاروق عبيد أستاذ العلوم السياسية، إلى جوهر تصريحات لوبراني بالادعاء في حقّ "إسرائيل" في أن يكون لها نصيب متساو مع الولايات المتحدة في استثمار الثروة النفطية في كل من العراق والسودان وخاصة كردستان شمال العراق حيث حقول النفط في كركوك ومنابع النفط في جنوب السودان[30].

وقد أظهرت إحدى الدراسات المهمة التي صدرت في تموز/ يوليو 2000 والتي أعدها إليعازر شتيرن Eliezer Stern، أستاذ العلوم السياسية في جامعة بار إيلان Bar-Ilan University، بعنوان "الاستراتيجية الإسرائيلية في العالم" أن العقيد شاؤول دهان، سكرتير عام وزارة الدفاع الإسرائيلي، اتفق على بيع أسلحة إسرائيلية متطورة لقوات قرنق في تشرين الأول/ أكتوبر 2001 وذلك مقابل السماح لشركتي مدبار Medbar ونيفيه، وهي شركات إسرائيلية صينية، بالتنقيب عن البترول في مناطق الرك وبيبور والتونج وأكوبو وهي من أفضل مناطق إنتاج النفط في السودان[31].

2. المياه:

يمتلك السودان مصادر مياه متعددة تتمثل في نهر النيل، وأهم روافده النيل الأبيض والنيل الأزرق وعطبرة، ويتميز نهر النيل وروافده بموارد مائية هائلة تغطي حوالي 25 ألف كم². ويقدر الإيراد السنوي لنهر النيل بحوالي 85.6 مليار م³ يسهم فيها النيل الأزرق بحوالي 9.58% ويلعب النيل دوراً حيوياً في حياة السكان الاقتصادية والاجتماعية والثقافية، وفي علاقات السودان الخارجية كذلك خاصة مع دول حوض النيل.

ويبلغ الإيراد السنوي من مياه بحيرة "ناصر" بالنسبة للسودان 18.5 مليار م³، هذا إلى جانب وجود عدد من الأنهار الموسمية التي تمتلئ بالمياه في موسم الأمطار

[30] الدار العربية للدراسات والنشر، قسم البحوث والدراسات، نشرة التقرير اليومي، 2002/12/3.

[31] محمود أبو العينين وآخرون، التقرير الاستراتيجي الإفريقي 2001-2002م، ص 355.

بالسودان، ويبلغ واردها السنوي نحو ستة مليارات م^3، وأهم هذه الأنهار نهر القاش ونهر بركة، وهناك مسطحات مائية بعيدة تقع في حزام الزحف الصحراوي منها وادي الرهد في كردفان.

وتوجد أيضاً مصادر للمياه الجوفية توفر مخزوناً يقدر بنحو 40 مليار م^3 بتغذية سنوية حوالي أربعة مليارات م^3. وإذا وضعنا في الحسبان غزارة الأمطار بالسودان خاصة في جنوب السودان التي يصل منسوبها لنحو 700 إلى 1,500 سم^3 في السنة وامتداد موسم المطر من شهر نيسان/ أبريل حتى شهر تشرين الأول/ أكتوبر لأدركنا مدى ما يمتلكه السودان من موارد مائية ضخمة. وتقدر مساحة الأراضي في السودان المزروعة بنظام الري المطري بـ 17.4 مليون هكتار مقارنة بـ 1.9 مليون هكتار بنظام الزراعة المروية[32].

ويبلغ الحجم المتوسط السنوي للأمطار على حوض النيل حوالي 900 مليار م^3 سنوياً، يمثل السريان السطحي منه 137 مليار م^3، بينما إيراد النيل طبقاً لآخر التقديرات لا يتجاوز 84 مليار م^3، يأتي 72 مليار م^3، أي 87% من مياه النيل من النيل الأزرق الذي ينبع من بحيرة تانا Lake Tana في أثيوبيا، بينما يأتي 13% من منطقة البحيرات العظمى أي حوالي 12 مليار م^3.

وفي الوقت الذي تتمتع فيه مصر والسودان من وفرة مياه، تعاني "إسرائيل" في السنوات الأخيرة من مشكلة مياه ضاغطة يمكن حصرها في ثلاث نقاط رئيسية هي، أولاً، النقص في كفاية المياه حيث تستهلك "إسرائيل" ومنذ سنة 1985 جميع مواردها المائية، وقد قامت لأول مرة في تاريخها بتقليص حصة الزراعة من المياه بنسبة 10-15% منذ الموسم الزراعي (1986-1987) الأمر الذي أدى إلى خسارة قدرها نحو 700-800 مليون م^3 إضافية سنة 2000. ثانياً، ارتفاع نسبة الملوحة، إذ تعاني "إسرائيل" من مشكلة ارتفاع نسبة الملوحة سواء في بحيرة طبريا أو في مياهها الجوفية على الرغم من كل الإجراءات التي اتخذت للحد من هذه المشكلة. ثالثاً، ارتفاع نسبة تكاليف تيسير المياه[33].

[32] http://www.islamonline.net/arabic/economics/2002/05/article10.shtm1

[33] أوري ديفز، "الموارد المائية العربية والسياسة المائية الإسرائيلية،" **صامد الاقتصادي**، العدد 52، 1984، ص 40-41.

في ضوء ذلك تعد المياه من بين أهم المتغيرات التي تواجه السياسات الاقتصادية والاجتماعية والعسكرية لـ"إسرائيل"، إذ أن محدودية الموارد المائية فيها كان وما زال مصدر قلق كبير يساور الإسرائيليين انسجاماً مع حقيقة أن المياه والأرض حجر الزاوية في الاستراتيجية الإسرائيلية، الأمر الذي انعكس بشكل جلي في حروب "إسرائيل" ضدّ العرب وسياستها الاستيطانية التوسعية لاحتلال المزيد من الأراضي العربية التي كانت نتائجها ومحصلتها النهائية منسجمة مع سياسة "إسرائيل" المائية[34].

ونظراً لأهمية المياه في تدعيم وجود "إسرائيل" وإدراكها لهذه الحقيقة بشكل مبكر، فإن أطماعها في المياه العربية خاصة مياه النيل ترجع إلى بواكير القرن العشرين وبالتعاون مع الغرب الأوروبي والأمريكي، فمنذ ذلك الحين أبدت مراكز البحوث الإسرائيلية اهتماماً متزايداً بكل من مصر وأثيوبيا لاعتقادها أن مياه النيل يمكن أن تسهم بشكل ملموس في معالجة مشكلتها المائية. جاءت أول محاولة لاستغلال وسحب مياه النيل في سنة 1903 حيث استغلت "إسرائيل" الوجود البريطاني على أرض مصر لتحصل على موافقة السلطات البريطانية على إرسال لجنة تقوم بدراسة الكيفية التي تسحب بها مياه النيل إلى سيناء من أجل إقامة مستعمرات ليهود أوروبا ولتجعل منها موطئ قدم لاحتلال فلسطين، وينص الاتفاق على سحب المياه لمدة 99 عاماً قابلة للتجديد إلا أن المشروع فشل بسبب معارضة مصر له[35].

وفي مطلع السبعينيات ظهرت في الصحف الإسرائيلية العديد من المقالات التي تدعو إلى شراء مياه النيل وتحويلها إلى النقب، ففي سنة 1973 أعلن عن ما يسمى بمشروع يئيور، نسبة إلى واضعه المهندس الإسرائيلي يئور، ويقضي هذا المشروع بنقل 1% من مياه النيل إلى صحراء النقب أي ما يعادل 800 مليون م^3 سنوياً، وأعيد طرح هذا المشروع على الجانب المصري إبان مفاوضات كامب ديفيد، وكان وراء الفكرة هذه المرة المهندس الإسرائيلي إليشع كالي Elisha Kally الذي يعمل في شركة تاهال المتخصصة في دراسة وإدارة المياه والمشروعات المائية. وفي سنة 1979 طرح الرئيس المصري الراحل أنور السادات فكرة إيصال مياه النيل

---

34 رضا القريشي، "حوض النيل، أثيوبيا، إسرائيل المثلث الحرج في الأمن المائي العربي،" مجلة **بحوث اقتصادية عربية**، العدد 5، 1996، ص 174-175.

35 عبد الرحمن أبو عرفة، **الاستيطان التطبيقي العملي للصهيونية** (عمّان: المؤسسة العربية للدراسات والنشر، 1981).

إلى "إسرائيل" إلا أنه تراجع بسبب ما واجهه من معارضة داخلية واسعة وقوية تزعمها وزير الري الأسبق المهندس عبد العظيم أبو العطا[36].

وخلال انعقاد ندوة التعاون الإقليمي لدول الشرق الأوسط في لوزان في منتصف 1989، تقدم رئيس جامعة تل أبيب الأسبق حاييم بن شاهار Haim Ben-Shahar بمقترح يقضي بقيام مصر بمنح "إسرائيل" حصة 1% من مياه النيل تنقل لتل بيب عبر سيناء، ومن المشروعات التي طرحت دراسة في أوائل التسعينيات حول المياه المسماة "خطة مياه الشرق الاوسط في ظلّ السلام"، والتي تقدم بها الباحثان إليشع كالي وأفراهام طال Avraham Tal فيما سمي التبادل المائي بنقل المياه من النيل إلى النقب مقابل إطلاق مياه نهر الأردن إلى الضفة الغربية والأردن[37].

وإزاء فشل "إسرائيل" في مشاريعها للاستفادة من مياه نهر النيل ورفض مصر لها بشكل قاطع، بدأت بممارسة ضغوط على مصر بشكل مباشر وغير مباشر ومن خلال التعاون مع دول المنبع النيلية خاصة أثيوبيا للتأثير على حصة مصر والسودان من مياه نهر النيل والتحكم في منابعه. ففي نهاية الستينيات حاولت "إسرائيل" إقناع تنزانيا باستخدام مياه النيل في الزراعة وأشارت على تنزانيا بردم مستنقعاتها المائية نتيجة الأمطار الغزيرة ثم تعيد زراعتها رياً بمياه النيل، وقامت "إسرائيل" بالتخطيط والمشاركة في التمويل وتقديم المساعدات الفنية لأثيوبيا في إقامة 33 سداً على الأنهار التي تغذي النيل الأزرق وعلى بحيرة تانا التي ينبع منها الأخير وذلك لحجز حوالي ستة مليارات م^3 من مياهه الأمر الذي يؤدي إلى خفض حصة مصر والسودان المائية بنسبة كبيرة، وبالفعل بوشر بإنشاء عدد من السدود التي كانت بوادرها خفض حصة مصر المائية بنحو ثلاثة مليارات م^3 سنة 1990[38].

وفي الوقت نفسه تقوم "إسرائيل" بتحريض أثيوبيا على التنصل من الاتفاقيات المائية المبرمة مع مصر والسودان بغرض تنفيذ تلك المشروعات، كما قامت "إسرائيل" وبالتنسيق مع أثيوبيا بالاتفاق مع جون قرنق على ايقاف العمل بقناة

---

[36] حسن بكر، "المنظور المائي للصراع العربي الإسرائيلي،" السياسة الدولية، العدد 104، 1991، ص 241.

[37] مجدي صبحي، "مشكلة المياه في المنطقة والمفاوضات متعددة الأطراف،" كراسات إستراتيجية، مركز الدراسات السياسية والاستراتيجية، الأهرام، العدد 7، 1992، ص 24.

[38] رضا القريشي، مرجع سابق، ص 178.

جونقلي Jonglei Canal على النيل الأبيض التي كانت ستوفر 7.5 مليارات م^3 لمصر والسودان تقسم مناصفة بينهما، وقد تكلفت "إسرائيل" بتقديم الدعم والعون المالي والعسكري لقرنق وحركته لتحقيق ذلك، كما قامت "إسرائيل" بالتنسيق مع الدول النيلية الأخرى في هذا المجال فتعاونت مع أوغندا وزائير بإعداد دراسة لإنشاء مشروع قناة صرف صحي في الجزء الغربي من مستنقعات بحر الغزال، كما أعدت دراسة لمنطقة حوض نهر الكافو Kafue River وتوصلت إلى إمكانية إقامة مشروع إروائي في المنطقة لزراعة القطن والقمح وتعهدت بتقديم المساعدات الفنية والمائية لدول تلك المنطقة[39].

وتتحدث المشروعات التي قامت بأثيوبيا وأعدتها مكاتب دراسات جدوى أمريكية وأوروبية عن خمسين مشروع، يفترض أن تنتهي في سنة 2050، أي على مدى خمسين سنة، طبعاً بمساعدات وخبرات إسرائيلية. ولكن ثبت أن جميع هذه المشاريع هي سدود صغيرة، لن تستطيع أن تحجز من مياه النيل أكثر من خمسة مليارات م^3 من المياه[40].

ويعدّ السودان مدخلاً مهماً إلى منطقة البحيرات العظمى، حيث قامت الولايات المتحدة بمحاولة ترتيب الأوضاع هناك بدعم قبيلة التوتسي التي استولت على الحكم في زائير (الكونغو) وإحداث تغيير سياسي سريع في السودان وعلمنة الحكم ليرتبط مع بقية دول البحيرات العظمى في إطار تحالف قوى يضم أوغندا وأثيوبيا وإريتريا والكونغو والسودان الجديد، من أجل التحكم في منطقة حوض النيل لإخضاع الدول المطلة عليه للسياسات الأمريكية. ولا يحفى هنا الدور القوي الذي تلعبه "إسرائيل" عبر علاقاتها الوثيقة سواء مع حركة تحرير جنوب السودان أو الدول المحيطة بالسودان التي وفرت دعماً لوجستياً وفنياً ومالياً[41].

وتلعب "إسرائيل" دوراً بين دول حوض النيل ضمن مخطط أمريكي، يسعى لانتزاع النفوذ في تلك الدول من أوروبا عموماً، وفرنسا على وجه الخصوص، ولذلك فإن الإدارة الأمريكية توفر لـ"إسرائيل" كل سبل التأثير على دول مثل أثيوبيا وكينيا ورواندا وأوغندا والكونغو. وفي هذا الإطار أقامت "إسرائيل" علاقات متميزة ومتنوعة مع جيل من القادة الأفارقة الذين يرتبطون بوشائج قوية مع الولايات المتحدة وفي مقدمتهم

---

[39] **المرجع نفسه.**

[40] قناة الجزيرة الفضائية، مرجع سابق.

[41] حسن الرشيدي، **مرجع سابق.**

ميليس زيناوي Meles Zenawi في أثيوبيا، وأسياس أفورقي في إريتريا، وجون قرنق في جنوب السودان، ويوري موسيفيني في أوغندا، وبول كاجامي Paul Kagame في رواندا (ميرغني، مارس)[42].

وكان التهديد الأثيوبي الأول لمصالح مصر المائية في سنة 1956، في أثناء حرب السويس بإعلان احتفاظها بحقها في استعمال الموارد المائية لنهر النيل لمصلحة شعبها. ورفعت أثيوبيا درجة تصعيدها الموقف بتقديمها مذكرات احتجاج سنتي 1956 و1957 مطالبة بحقوق "مكتسبة" في مياه السد العالي معلنة عن عزمها إنشاء 33 مشروعاً لم ينفذ منها سوى واحد بسبب الحرب الأهلية التي اندلعت آنذاك. إلا أن أثيوبيا وبعد زوال نظام منغستو هيلا مريام Mengistu Haile Mariam سنة 1991، شرعت في إنشاء سدود على الأنهار التي تغذي السودان ومصر بـ 85% من مياه النيل. ويشرح الصحفي السوداني الخبير في شؤون القرن الإفريقي سيد أحمد خليفة، أبعاد المخاطر التي تحدق بمياه النيل جراء تقوية علاقة "إسرائيل" بأثيوبيا، بأن ملف المياه لا يغيب أبداً عن الملاحقة الإسرائيلية لمصر خصوصاً بعد اجتماع دول حوض النيل في القاهرة في كانون الأول/ ديسمبر 2007، الذي شهد تحسناً واضحاً في علاقة مصر بأثيوبيا، واستشعار "إسرائيل" الدائم تأثير الدور المصري في حال نجاح مصر في خطط التنمية والبناء، وقدرتها على زعزعة ملف المياه، الذي حركته أثيوبيا وكينيا، مما يهدد مصالح "إسرائيل" ويعوق استقرارها[43].

وقد نجحت "إسرائيل" بمساعدة الولايات المتحدة الأمريكية في تأمين سيطرتها على بعض مشاريع الري في منطقة البحيرات، حيث تقوم بتقديم الدعم الفني والتكنولوجي من خلال الأنشطة الهندسية للشركات الإسرائيلية في مجال بناء السدود المائية. وقدمت "إسرائيل" دراسات تفصيلية إلى زائير ورواندا لبناء ثلاثة سدود، كجزء من برنامج شامل لإحكام السيطرة على مياه البحيرات العظمى. وقام خبراء إسرائيليون باختبارات للتربة في رواندا، حيث يتوجه الاهتمام الإسرائيلي بوجه خاص إلى نهر كاجيرا Kagera الذي يمثل حدود رواندا مع بوروندي في الشمال الشرقي.

---

[42] عثمان ميرغني، تأثير أزمة جنوب السودان على الأمن القومي المصري، الجزيرة.نت، 2008/1/12، انظر:

http://www.aljazeera.net/NR/exeres/F95EDB68-CA00-482D-8A67-B699A73928F3.htm

[43] خالد عويس، إسرائيل وأثيوبيا: علاقة كارثية على العرب، موقع العربية.نت، انظر:

http://www.alarabiya.net/articles/2004/06/01/3927.html

ووقعت أوغندا و"إسرائيل" اتفاقاً في آذار/ مارس 2000، في أثناء زيارة وفد من وزارة الزراعة الإسرائيلية برئاسة مدير الري بالوزارة موشي دون غولين، ينص على تنفيذ مشاريع ري في عشر مقاطعات متضررة من الجفاف، وإيفاد بعثة أوغندية إلى "إسرائيل" لاستكمال دراسة المشاريع التي يقع معظمها في مقاطعات شمال أوغندا بالقرب من الحدود الأوغندية المشتركة مع السودان وكينيا، وسيجري استخدام المياه المتدفقة من بحيرة فيكتوريا Lake Victoria لإقامة هذه المشاريع، وهو ما يؤدي إلى نقص المياه الواردة إلى النيل الأبيض، وذكرت نشرة "ذي إنديان أوشن نيوز لاتر" الفرنسية The Indian Ocean Newsletter، في شباط/ فبراير من السنة نفسها، أن "إسرائيل" أعلنت أنها مهتمة بإقامة مشاريع للري في مقاطعة كاراموجا الأوغندية قرب السودان، حيث يمكن ري أكثر من 247 ألف هكتار من الأراضي الأوغندية عبر استغلال 2.5 مليار م^3 سنوياً، في حين أن المياه المستخدمة حالياً لا تزيد عن 207 ملايين م^3 فقط، تروي 32 ألف هكتار من الأرض[44].

ولا تقتصر خطورة التواجد الإسرائيلي في دول أعالي النيل على الاستعانة بالخبراء والتعاون الفني في المشروعات، ولكنها تمتد إلى التعاون الاقتصادي الزراعي برأسمال يهودي، يهدف إلى تملك أراضي في المنطقة بدعوى إقامة مشاريع عليها، أو تحسين أراضيها، أو إقامة سدود بها.

لا شكّ أن أحد الأهداف التي تنشدها "إسرائيل" من وراء دعم الانفصاليين في جنوب السودان السعي للسيطرة على منابع النيل الأزرق الذي يغذي مصر والسودان بـ 85% من حصتهما من المياه، وقد ذكرت ليندا هيوز، محررة الشؤون الدولية السودانية، بنشرة جهاز المخابرات الأمريكية، أن هناك خطة بريطانية إسرائيلية أمريكية أثيوبية بالفعل للسيطرة على هذه المنابع[45].

[44] أحمد عبد الحي، مرجع سابق.

[45] سامي عبد القوي، **تقسيم السودان أحد الخيارات الأمريكية الإسرائيلية**، ص 21.

رابعاً: تهجير اليهود عبر السودان:

تحتضن إفريقيا بين ظهرانيها جاليات يهودية متفاوتة الأحجام ومتباينة القوة والتأثير، ففي شمال إفريقيا جماعات من اليهود السفارديم Sephardim الذين قدموا بالأساس من أسبانيا والبرتغال خلال القرنين الخامس عشر والسادس عشر، إضافة إلى ذلك فقد قدمت إلى إفريقيا جماعات من اليهود الأشكناز من شمال وشرق أوروبا خلال القرنين الـ 19 والـ 20. وإذا كان حجم هذه الجاليات، خارج جمهورية جنوب إفريقيا، هو جدّ متواضع إلا أن وضعها الاقتصادي في بعض دول إفريقيا جنوب الصحراء مثل كينيا يتسم بالقوة والتأثير.

ويمكن القول إن يهود الفلاشا الأثيوبيين يمثلون واحدة من أفقر الجاليات اليهودية في العالم على الرغم من اعتقادهم الراسخ بأنهم يمثلون القبيلة المفقودة في التاريخ الإسرائيلي. وبالمقابل، فإن الجالية اليهودية في جنوب إفريقيا تعد واحدة من أغنى الجاليات اليهودية في العالم. وطبقاً لأحد التقديرات فإن إسهام يهود جنوب إفريقيا في خزانة الدولة العبرية تأتي في المرتبة الثانية بعد إسهام يهود الولايات المتحدة.

عاش الفلاشا الذين بلغ عددهم 30 ألف شخص على مدار قرون شمال غرب أثيوبيا في منطقة غوندار وتحديداً شمال وغرب بحيرة تانا، ويعتقد أنهم انحدروا من الجماعة الكوشية "نسبة لكوش بن حام بن آدم" من قبيلة أجوا التي كان لها مملكة في القرن السابع عشر. ويتميز الفلاشا بمظهرهم أو بملابسهم عن باقي الأثيوبيين لكن ما جعل الفلاشا جماعة مميزة هو اعتناقهم للديانة اليهودية عندما وصلوا لأثيوبيا في القرن الخامس قبل الميلاد[46].

ولعل القضية المثيرة للاهتمام عند دراسة أوضاع الجالية اليهودية السوداء في "إسرائيل" تتصل بمفهوم الهوية اليهودية السوداء، ونظرهم إلى "إسرائيل" باعتبارها جزءاً من التراب الإفريقي، إذ كان يقطنها في الأصل شعوب إفريقية داكنة البشرة، وأياً كان الأمر فإنه لا يمكن التقليل من أهمية متغير الجاليات اليهودية في توجيه وتخطيط

46 Ahmed Karadwi, "The Smuggling of The Ethiophan Falasha to Israel Through Sudan," *African Affairs*, Journal of The Royal African Society, v. 90, no. 358, Januray 1991, pp. 23-50.

العلاقات الإسرائيلية الإفريقية؛ إذ لا يخفى أن نحو 20% من إجمالي المهاجرين اليهود إلى "إسرائيل" خلال الفترة 1948-1995 هم من إفريقيا[47].

وقد كان السودان من بين الدول المرشحة لتوطين اليهود قبل فلسطين، فقد كتب اليهودي واربورت، الخبير بشؤون الفلاشا سنة 1900 اقتراحاً إلى اللورد كرومر Lord Cromer في القاهرة بذلك، وقدم يهودي آخر هو أبراهام جالنت Abraham Gallant الاقتراح نفسه سنة 1907 إلى رئيس المنظمة اليهودية الإقليمية، وتجدد الاهتمام بتهجير الفلاشا عند إنشاء "إسرائيل"، إلا أن الحاخامات اليهود لم يكونوا مهتمين بتهجير الفلاشا إلى فلسطين لعدم ثقتهم في انتمائهم إلى اليهودية، وبهذا فإن فترة حكم الإمبراطور هيل سيلاسي لم تشهد عمليات تهجير منظمة، ولكن استمرت الحركة الصهيونية من خلال عمليات تهوديهم تمهيداً لنقلهم إلى فلسطين كما سيتضح في فترة حكم منغستو هيلا مريام[48].

في الخمسينيات من العشرين، أقيمت في الموساد وفقاً للتقاسم الوظيفي وحدة اسمها "بيتصور" وغايتها كانت الاستخبارات اليهودية. في السياق ترأس الوحدة شموئيل طوليدانو Shmuel Toledano ومن ثم إفراييم هليفي في أواخر السبعينيات وأوائل الثمانينيات، وهو الذي كان مسؤولاً عن عملية "موسى" لنقل يهود أثيوبيا عبر السودان[49].

تمت أكبر عملية لتهجير الفلاشا من السودان إلى "إسرائيل" بعد اعتراف الحكومة الإسرائيلية بأن الفلاشا هم يهود، ففي سنة 1975 صدر قرار يمنح الفلاشا الحق في الهجرة إلى"إسرائيل"، طبقاً لقانون العودة الذي يمنح الجنسية الإسرائيلية لمن يعتنق اليهودية. وجاءت عملية النقل من أثيوبيا على نطاق محدود في الفترة 1970-1982، وتنامت لتصبح عملية جماعية في الفترة ما بين 1983-1985، والمفارقة أن هذه العملية تمت سراً عبر السودان بدلاً من أثيوبيا حيث يعيش الفلاشا، وكان لـ"إسرائيل" والولايات المتحدة ومؤسسات خاصة دوراً كبيراً في تمويل وتنفيذ عمليات نقل الفلاشا[50].

---

[47] حمدي عبد الرحمن، "الاختراق الإسرائيلي لإفريقيا وانعكاساته على الأمن العربي،" ص 25.

[48] ياسر عبد القادر، **التغلغل الصهيوني في إفريقيا ـ إشارة للعلاقات الصهيونية الأثيوبية** (القاهرة: جامعة إفريقيا العالمية، مركز البحوث والدراسات الإفريقية، 1998)، ص 77.

[49] **الحياة الجديدة**، 2003/11/18.

[50] Ahmed Karadwi, *op. cit.*

لعبت علاقة الرئيس السوداني السابق جعفر النميري مع الولايات المتحدة و"إسرائيل" دوراً مهماً في تهجير يهود الفلاشا عبر السودان إلى "إسرائيل"، وقد برر لقاؤه مع أريل شارون كوزير للدفاع في 1983/5/13 في العاصمة الكينية بنيروبي والتي قام بترتيبها ضابط الموساد يعقوب نمرودي Jacob Nimrodi وعدنان خاشجقي تاجر السلاح السعودي. وقد أثار شارون في اللقاء مسألة نقل يهود الفلاشا عبر السودان.

أدى تدهور الاقتصاد السوداني في مطلع الثمانينيات وانتفاضة الشارع السوداني ضدّ التضخم وغلاء الأسعار إلى تهديد سلطة نميري الذي توجه للولايات المتحدة طالباً مساعدتها لإنقاذه من السقوط، فقدمت الأخيرة مساعدة مشروطة له بـ 60 مليون دولار، وأعيد بناء محطة الموساد في الخرطوم والتي نسقت العلاقة مع جهاز الأمن السوداني في عملية الفلاشا ومواجهة التدخل الليبي في تشاد وطرد ليبيا منها. ورعت هذه التفاهمات السفارة الأمريكية في الخرطوم، التي شكلت غطاء لعمل ضباط الموساد وكذلك السفارة الأمريكية في نيروبي؛ كما أن المفوضية السامية لشؤون اللاجئين استغلت اللاجئين الذين تدفقوا إلى السودان من أثيوبيا، نتيجة للصراع الداخلي، ومن تشاد بعد غزو الجيش الليبي لتشاد، حيث شكلت المفوضية معسكرات اللاجئين التي أقيمت غرب السودان، مكان تجمع للفلاشا، تحت عنوان إنساني[51].

مرت عملية تهريب الفلاشا إلى ومن السودان بمرحلتين ما بين 1979-1985، شهدت الأولى منها ما بين 1979-1982 دخولاً محدوداً للفلاشا حيث تنقلوا على شكل أفراد وجماعات صغيرة ما بين التهجير السري وشبه الرسمي بعد محاولات للحصول على تصاريح لنقلهم عبر قنوات رسمية. أما المرحلة الثانية فهي ما بين 1982-1985، فقد تحول فيها التهجير إلى عمليات نقل سرية جماعية. وفي شباط/ فبراير 1982، تمّ ترتيب أول عملية تهجير جماعي للفلاشا، حيث تمّ نقل ثمانية آلاف شخص من غداريف باتجاه الشمال عند ميناء سواكن على شاطئ البحر الأحمر، وقد وفرت برامج التوطين التي طرحتها الولايات المتحدة سنة 1982 وسنة 1983 للاجئين الذين قدموا إلى السودان من أثيوبيا في توفير الغطاء لعمليات نقل يهود الفلاشا[52].

---

[51] وجيه سالم، أنور خلف، **الوجه الحقيقي للموساد** (عمّان: دار الجليل للنشر والدراسات والأبحاث الفلسطينية، 1987)، ص 451.

[52] Ahmed Karadwi, *op. cit.*

كشفت وسائل الإعلام الدولية والإسرائيلية عملية نقل يهود الفلاشا فيما سمي "عملية موسى" في 1984/1/3 في وقت كان السي أي ايه والموساد وجهاز أمن الدولة السوداني ينفذون العملية على قدم وساق، فتم نقل الفلاشا من غداريف وإسكانهم في بيوت مستأجرة قبل التوجه إلى مطار الخرطوم حيث استأجرت طائرات بلجيكية وخلال أربعة أسابيع تمّ تنظيم 35 رحلة جوية نقل في سياقها ثمانية آلاف إلى "إسرائيل"[53].

وقد جرت العملية الكبرى بعد موافقة الكونجرس الأمريكي على تمويل مشروع تهجير الفلاشا. وفي شهري أيلول/ سبتمبر 1984 وتشرين الأول/ أكتوبر 1985 وبالتعاون مع المخابرات الأمريكية والسودانية تمت عمليتي موسى وسبأ، في وقت طغت في وسائل الإعلام قضايا تطبيق الشريعة الإسلامية في السودان وإعدام محمود محمد طه[54].

بعد سقوط نظام النميري في نيسان/ أبريل 1985 قدمت لجنة تحقيق سودانية بفضيحة الفلاشا تقريرها للنائب العام السوداني الذي حاكم المسؤولين عنها ومن بينهم رئيس المخابرات السودانية ونائب النميري الجنرال عمر محمد الطيب، وبثّ التلفزيون السوداني مجريات المحكمة على مدار أربعة أشهر وخلالها قدم أربعة من قادة جهاز أمن الدولة المنحل الأدلة ضدّ مسؤوليهم[55].

بجانب عملية موسى، نفذت عملية سليمان سنة 1991، لنقل الفلاشا إلى "إسرائيل" عبر جسر جوي إضافة إلى ثمانية آلاف آخرين ما بين سنة 2000 وسنة 2002 ليبلغ عدد الفلاشا الذين تمّ نقلهم إلى "إسرائيل" 80 ألف شخص. وقد زار سيلفان شالوم Silvan Shalom وزير الخارجية الإسرائيلي الأسبق مطلع سنة 2004 أثيوبيا، والتقى مع الرئيس الأثيوبي جرما ولد جرجس ورئيس الوزراء ميليس زيناوي قبل أن يصبح الأخير رئيساً بعد الانقلاب على الأول، ولم تقفز هذه الزيارة عن الاهتمام الإسرائيلي بيهود الفلاشا حيث توجه لمنطقة غوندار، شمال أثيوبيا 750 كم من العاصمة أديس أبابا، في جولة قصد منها لقاء أعضاء من الجالية اليهودية.

---

[53] Ibid.

[54] حسن مكي، "مصر.. والسودان.. والقرن الإفريقي.. إسرائيل علي الخط,!" مجلة **وجهات نظر**، القاهرة، العدد 70، تشرين الثاني/ نوفمبر 2004، ص 26.

[55] Ahmed Karadwi, *op. cit.*

وزار معسكر يقيم فيه عشرة آلاف من يهود الفلاشا بمدينة غوندار تشرف عليه القنصلية الإسرائيلية كانوا ينتظرون الرحيل عنها[56].

الخلاصة:

نجحت "إسرائيل" في تحقيق أهداف استراتيجيتها تجاه السودان فهي اخترقت النخبة السياسية السودانية في وقت مبكر واستطاعت إشغال السودان بقضاياه الداخلية مع الدعم المتعاظم الذي قدمته إلى حركة تحرير جنوب السودان الانفصالية، فنظرية شدّ الأطراف التي صاغها بن جوريون طبقت بشكل دقيق تجاه السودان من خلال اللعب على وتر اختلاف الأديان والإثنيات وتنمية الإحساس بالظلم لدى القوميات غير العربية والديانات الأخرى غير الإسلام.

حققت "إسرائيل" عبر السودان تقدماً في موقع استراتيجي لدولة لها حدود مع تسعة دول أخرى وتزخر بالثروات الطبيعية من النفط والماء وليس انتهاء باليورانيوم، وهي بسلوكها تجاه السودان حاولت توظيف هذا التقدم في التأثير على الأمن القومي السوداني والمصري من خلال دفع الخطط الخاصة بالتأثير على مجرى سريان منابع نهر النيل عبر بناء السدود واستطاعت أن توقف مشروع قناة جونقلي بين السودان ومصر التي أعدت لتنمية الموارد الزراعية واستغلال الموارد المائية الوفيرة في البلدين.

لم تقفز مسألة يهود إفريقيا وتهجيرهم إلى "إسرائيل" عن أهداف السياسات الخارجية الإسرائيلية تجاه القارة السوداء، فهي اتخذت من علاقاتها الجيدة غير المعلنة مع السودان في عهد الرئيس السابق جعفر نميري جسراً جوياً لاستجلاب يهود أثيوبيا "الفلاشا" إليها.

[56] خالد عويس، مرجع سابق.

الفصل الرابع

رؤية "إسرائيل" للسودان كدولة

رؤية "إسرائيل" للسودان كدولة

المقدمة:

تنطلق رؤية "إسرائيل" للسودان كدولة من منظور أنه يمكن تجزئته وفصل جنوبه عن شماله باعتبار الاختلاف العرقي لسكان الجنوب الذين يشكلون نسبة 35% من المجموع الإجمالي لسكان السودان ينتمون لأصول زنجية ويعدون أنفسهم أفارقة من النواحي العديدة (الثقافية والإثنية والدينية) وقد أدى هذا التعدد الإثني والثقافي والديني واللغوي إلى إيجاد حالة من التناقض والتعارض في الانتماء والمصالح وإلى نشوء توترات وتفجر صراعات كما أن هذا التعدد كان عنصراً فعالاً في تغذية الصراعات الداخلية التي تطورت إلى حرب أهلية استمرت أربعة عقود.

وقد شكلت هذه التناقضات أرضية خصبة لنشوب الصراع الداخلي في السودان بين سكان الجنوب الطامحين للاستقلال والحكومة المركزية في الخرطوم وقد زاد من تفاقم الوضع في الجنوب ظهور طبقات وجماعات من المثقفين تتلمذوا على يد الإرساليات التبشيرية التي بدأت تروج لفكرة التحرر من سيطرة الشمال.

ورث السودان عند استقلاله في الفاتح من كانون الثاني/ يناير 1956 الحدود التي تمّ تخطيطها وتقنينها من قبل الأطراف الخارجية غير السودانية سواء أوروبية أو إفريقية، وإذا كانت القوى الاستعمارية الأوروبية قد تعمدت تقسيم إفريقيا إلى شمال وجنوب الصحراء الكبرى، فإن الإدارة البريطانية في السودان خططت لتقسيم السودان وهو فصل جنوب السودان في صورة دولة مستقلة أو ضمه لأوغندا، غير أن مؤتمر جوبا Juba Conference سنة 1947 بشأن مستقبل السودان قرر بقاء المديريات الجنوبية ضمن التراب الوطني السوداني[1].

من جهتها قسمت الإدارة البريطانية خلال احتلالها للسودان (1898-1956) إلى جزئين وتعاملت مع كل واحد منهما بشكل منفصل، ففي الشمال كانت السياسة البريطانية تسمح بتطوير هوية قومية ترتكز على الأنصار والختمية، وفي الجنوب

---

[1] عبد الرحمن حسن، "الصراع في القرن الإفريقي وانعكاساته على الأمن القومي العربي،" **المستقبل العربي**، العدد 157، 1992، ص 86.

اتبعت بريطانيا سياسة تحول دون وحدة الأراضي السودانية، فمنعت التأثيرات العربية الإسلامية إلى جنوب السودان، وسنت قوانين المناطق المغلقة سنة 1922 وطبقته في جنوب السودان ومنطقة جبال النوبة جنوب كردخان، فحظرت الزي العربي التقليدي واللغة العربية، واستخدمت اللغة الإنجليزية وشجعت اللهجات المحلية ومنعت التجار السودانيين من الجنوب، وسمحت للبعثات التبشيرية بالعمل في الإقليم ما جعل الانقسام يتخذ بعداً جديداً بين الجنوب والشمال وصُوِّرَ على أنه بين الشمال العربي المسلم والجنوب الإفريقي المسيحي، على الرغم من أن 15% فقط من السودانيين في الجنوب يدينون بالمسيحية[2].

انعكس هذا الانقسام في السودان بعد استقلاله وشهد صراعاً على أسس عرقية وثقافية ودينية وجغرافية قامت أطراف خارجية بتغذيتها من بينها "إسرائيل" وقد شكل ذلك تربة خصبة لحرب أهلية بدت مراحلها الأولى سنة 1955 بعد التمرد العسكري إثر رفض الفرقة الاستوائية، وهي قوة مستقلة قوامها من الجنوب، المشاركة في جلاء القوات البريطانية عن السودان وانتهت بالتوصل إلى تسوية سلمية بمقتضى سنة 1972 وأطلق على حركة التمرد هذه اسم حركة الأنانيا الأولى Ananya 1 (1955-1972)، ثم بدأت المرحلة الثانية منها سنة 1983 بعد اندلاع التمرد العسكري والإضراب السياسي مرة أخرى وتوقف بتوقيع الحكومة السودانية سنة 2003 مع حركة التمرد التي قادها جون قرنق على اتفاق سلام، الأمر الذي عزز انفصال الجنوب بإعطائه حقّ تقرير المصير بعد ست سنوات من هذا الاتفاق وأطلق على التمرد في مرحلته الثانية اسم حركة الأنانيا الثانية Ananya 2 (1983-2003).

أولاً: تاريخ العلاقة الإسرائيلية مع جنوب السودان:

لم تغب "إسرائيل" عن كل تطورات الوضع الداخلي في السودان وتناقضاته وكانت حاضرة فيه بطريقة أو بأخرى، ويمكن تقسيم مراحل الدعم والتغلغل الإسرائيلي في جنوب السودان إلى خمسة مراحل رئيسية:

---

[2] عبد الوهاب أفندي، "السلام الصعب في السودان،" **المستقبل العربي**، العدد 286، 2002، ص 23-40.

المرحلة الأولى: بداية ومنتصف الخمسينيات:

في بداية ومنتصف الخمسينيات، أي في أعقاب قيام "دولة إسرائيل"، وهي فترة بداية اشتعال الحرب الأهلية في الجنوب السوداني، اهتمت "إسرائيل" بتقديم المساعدات الإنسانية والأغذية والأدوية والخدمات إلى السكان الفارين إلى أثيوبيا من نيران الحرب الأهلية، وتجنيد من خدم في الجيش السوداني. وفي هذه المرحلة أيضاً، بدأت أولى المحاولات الإسرائيلية باستثمار التباين القبلي جنوب السودان نفسه بالإضافة إلى استثمار التنافر والصراع الدائر بين الشمال والجنوب لتعمل على تعميقه ومن ثم دعم الجنوب على الانفصال[3].

المرحلة الثانية: بداية ومنتصف الستينيات:

اهتمت "إسرائيل" في هذه المرحلة بإعداد وتدريب المتمردين في حركة "أنانيا" على فنون الحرب والقتال في المراكز والمعسكرات التي أقامتها "إسرائيل" لهذا الخصوص في أثيوبيا. وقد عثر ثوار الكونغو في نيسان/ أبريل 1965 على عدد من الوثائق الخطيرة مع بعض المتمردين في جنوب السودان ممن وقعوا في قبضة الاستخبارات الكونغولية، وقد كشفت هذه الوثائق عن برامج أعدتها "إسرائيل" لتدريب المتمردين في جنوب السودان على حرب العصابات، وإن بعض قادة هؤلاء المتمردين قد سافر في مهمات إلى "إسرائيل" للتدريب في معسكراتها، كما تمّ الكشف عن قيام اتصالات لحزب "أنانيا" وهو أحد الأحزاب الجنوبية مع سفارة "إسرائيل" في كينيا بقصد الحصول على تأييد "إسرائيل" ودعمها لتحقيق انسلاخ الجنوب السوداني عن شماله[4].

ويكشف أحد قادة حركة أنانيا الأولى سيفريانو فولي Saverino Fuli في كتابه "تشكيل جنوب السودان حر" Shapig Frera Sudan أنه تمّ تعيينه سكرتيراً إدارياً في تموز/ يوليو سنة 1963 إلى حين اعتقاله في أوغندا في تشرين الأول/ أكتوبر 1963، وأن جوزيف ادهو قائد الحركة قام بتقديمه إلى السفارات الصديقة في كمبالا وعلى رأسها السفارة الإسرائيلية، وأصبح حلقة الوصل الأساسية مع "إسرائيل" وأنه تابع هذا الدور كذلك في دورة اقرى اجادين (1964-1965)، وتابع الاتصالات بـ"إسرائيل" عبر مسؤول الأنانيا سيرافينو واني سواكا، وفي عهده تمت زيارة كل من أقري أجادين

---

[3] حسن مكي، 26 سبتمبر، 2004/5/20.

[4] سامي عبد القوي، تقسيم السودان أحد الخيارات الأمريكية الإسرائيلية، ص 17.

وغوردون مورتات Gordon Muortat وجوزيف لاغو لـ"إسرائيل" حيث تمّ تنصيبه مسؤولاً عن التنسيق مع "إسرائيل" فيما يختص بالتدريب والتسليح، وتمّ إعداد مطار أوبيخ في بول، كما وأرسلت "إسرائيل" أعضاء من قواتها للإشراف على إسقاط السلاح وإرسال ضباط الأنانيا للخارج للتدريب[5].

المرحلة الثالثة: أواخر الستينيات وبداية السبعينيات:

في هذه المرحلة اتخذ الدعم الإسرائيلي مسارات جديدة تمثلت في:

1. إرسال كميات من الأسلحة وخاصة الأسلحة السوفييتية التي استولت عليها "إسرائيل" إبان حرب 1967 وكانت هذه الأسلحة تتألف من مدافع، ورشاشات، وأسلحة خفيفة، وعتاد، وبعض الدبابات والمدرعات، ويتم إرسالها من خلال تاجر أسلحة إسرائيلي يدعى جابي شفيق Gabi Shafiq كان يعمل لصالح المخابرات الإسرائيلية، كما استغلت "إسرائيل" سفاراتها في بعض الدول المجاورة للسودان لإمداد المتمردين بالأسلحة والذخائر ومنها الرشاش الإسرائيلي حديث الصنع آنذاك من طراز عوزي Uzi.

2. إرسال مستشارين عسكريين إلى مناطق الغابات داخل الأراضي السودانية المجاورة لأثيوبيا وأوغندا لتدريب المتمردين في جنوب السودان على فنون القتال، وقد كشف المرتزق الألماني رودلف شتاينر Rudolf Steiner قائد إحدى فصائل المرتزقة في جنوب السودان بعد إلقاء القبض عليه ومحاكمته في الخرطوم سنة 1971، أن "إسرائيل" تعمل في جنوب السودان منذ سنة 1967 مع قادة المتمردين وقدمت لهم مساعدات عسكرية ضخمة في أيلول/ سبتمبر 1969 بالاتفاق مع رئيس منظمة إفريقيا وهي منظمة غربية استعمارية، واعترف شتاينر خلال المحاكمة أن العسكريين الإسرائيليين يقومون بزيارات لمعسكرات المتمردين بالطائرات ويلقون إليهم بالأسلحة والعتاد الحربي والأطعمة من إحدى القواعد في دولة مجاورة، كما أنشأ الإسرائيليون مدرسة في جنوب السودان لتخريج الكادر العسكري القيادي لحركة التمرد وكان الإسرائيليون يشتركون بأنفسهم في تخطيط الهجوم على القوات السودانية والمواطنين الآمنين[6].

---

[5] حسن مكي، 26 سبتمبر، 2004/5/20.

[6] عودة دياب، الصهيونية العالمية والرد على الفكر الصهيوني المعاصر (القاهرة: مطبوعات الشعب، 1976)، ص 130.

3. استقدام مجموعة من أبناء جنوب السودان للسفر إلى "إسرائيل" ليتلقوا تدريباتهم العسكرية، وكان من أشهر هؤلاء قائد حركة "أنانيا" جوزيف لاجو الذي تدرب في "إسرائيل" مدة ستة شهور سنة 1967 ليتأهل لقيادة الحركة، كما أن "إسرائيل" أنشأت مدرسة في جنوب السودان في منطقة ويندى كابول لتخريج الكوادر العسكرية لرفد حركة التمرد.

4. التأثير على قادة حركة التمرد في جنوب السودان لتطوير فلسفتهم النضالية من مرحلة المطالبة بالمساواة مع أبناء الشمال إلى الرغبة في الانفصال وإقامة كيان سياسي مستقل جغرافي خاص بهم، وحينما ظهر أن حركة التمرد على وشك الانتهاء بدأت "إسرائيل" تحركها على الفور كي يستمر التمرد ليؤدي إلى حركة تمرد دموي شاملة اجتاحت الجنوب بأسره.[7]

المرحلة الرابعة: أواخر السبعينيات وطوال عقد الثمانينيات:

شهدت هذه المرحلة استمرار الدعم الإسرائيلي لجنوب السودان خاصة بعد انهيار اتفاق أديس أبابا وعودة التمرد إلى الجنوب سنة 1983 إثر إعلان الرئيس نميري عن تطبيق الشريعة الإسلامية. وكان أول مراحل انفجار الموقف ذلك التمرد الذي قادته السرية التابعة للكتيبة 105 التابعة للفرقة الأولى ومقرها الأقاليم الجنوبية، وقد ضبطت القوات المسلحة السودانية في أثناء إخمادها لهذا التمرد كمية من الأسلحة الإسرائيلية في حوزة جنود هذه السرية.[8]

انتظمت حركة التمرد في جنوب السودان في إطار الحركة الشعبية لتحرير السودان بزعامة العقيد جون قرنق. وواصلت "إسرائيل" دعمها لحركة التمرد في الجنوب ولقادة الحركة الشعبية، ففي أثناء زيارة قام بها وفد من هذه الحركة لـ"إسرائيل" في كانون الثاني/ يناير سنة 1988، أمدت "إسرائيل" زعماء الحركة بصفقة متطورة من الأسلحة الإسرائيلية الصنع، وقد وصل هذا الدعم مداه في أثناء الزيارة السرية التي قام بها جون قرنق لـ"إسرائيل" في تشرين الثاني/ نوفمبر 1989 حيث اجتمع مع رئيس الأركان الإسرائيلي في ذلك الوقت دان شمرون Dan Shomron، وطلب قرنق في اللقاء

[7] موشي فرجي، **مرجع سابق**، ص 35.

[8] رفعت سيد أحمد، "الموساد الإسرائيلي والجنوب السوداني،" مجلة **الموقف العربي**، القاهرة، العدد 39، 1983، ص 34.

تدريب عشر طيارين جنوبيين على قيادة المقاتلات الخفيفة لشن الهجمات الخاطفة على القوات الحكومية المتمركزة في الجنوب، كما طالب بنظام دفاعي جوي متطور لتغطية تقدم قواته.

وقد سبقت زيارة قرنق لـ"إسرائيل"، حصول الحركة على مساعدات عسكرية شملت أسلحة مضادة للدبابات ومدفعية ميدان وأسلحة مشاة، وكان قد تمّ الاتفاق على هذه المساعدات العسكرية من خلال المكتب العسكري الإسرائيلي في نيروبي، هذا بالإضافة إلى اتفاق آخر بين "إسرائيل" والحركة تمّ بمقتضاه تزويد الحركة بخبراء عسكريين إسرائيليين وتقديم دعم مالي قيمته خمسة ملايين دولار منحة إسرائيلية تستخدم في شراء أسلحة وعتاد[9].

وحولت "إسرائيل" صفقة دبابات سوفييتية، كانت تعتزم تقديمها للحكومة الأثيوبية، إلى المتمردين في جنوب السودان وذلك في إطار جهودها لتطوير استراتيجيتهم الهجومية بهدف احتلال المزيد من المدن الرئيسية في الجنوب وتهديد مناطق حقول النفط. وقدمت "إسرائيل" الدعم أيضاً من خلال ما تحصل عليه أقمارها الصناعية التي تجوب المنطقة من صور عن مواقع القوات الحكومية السودانية في الجنوب، لكي تتخذ قوات تحرير الجنوب السوداني الخطط الكفيلة لمواجهة حشود الجيش السوداني. وقامت "إسرائيل" بتدريب 35 ضابطاً من جيش تحرير جنوب السودان في سنة 1990، ووصل أكثر من 15 خبيراً إسرائيلياً إلى الجنوب لوضع الخطط وإدارة العمليات العسكرية، وقد شارك هؤلاء في احتلال مدن مامبيو واندارا وطمبوه سنة 1990[10].

بذلت "إسرائيل" جهوداً كبيرة كي يتمكن ثوار الجنوب من تحقيق طموحاتهم مرحلياً وصولاً إلى مرحلة تحقيق الحكم الذاتي المستقل وإقامة كيان منفصل، وهو ما أكدته المطالب والشعارات التي بدأت تطرحها الحركة، وفي هذا السياق أعلن مائير يوحاس سفير "إسرائيل" في زائير ورجل الموساد المعروف الذي تولى منذ سنة 1990 مهمة الاتصالات مع قرنق أن "إسرائيل تؤيد حلاً بلا حدود للتطلعات القومية لسكان جنوب السودان"، كما يعبر عن ذلك زعماء "إسرائيل" من خلال دعم حركة التمرد في

---

[9] سامي عبد القوي، **تقسيم السودان أحد الخيارات الأمريكية الإسرائيلية**، ص 20.

[10] موشي فرجي، **مرجع سابق**، ص 43.

جنوب السودان. ولم يعد الأمر يستهدف الضغط على الحكومة السودانية وتجميد طاقاتها فقط، إنما أصبح يستهدف تحقيق أهداف أخطر بكثير متمثلة في الدعوة إلى "الانفصال"[11].

المرحلة الخامسة: بداية التسعينيات حتى سنة 2003:

شهدت فترة بداية التسعينيات تدني الدعم والمساندة الإسرائيلية المباشرة لحركة انفصال جنوب السودان، نظراً لجهود المصالحة والوفاق التي سادت العلاقات السودانية الأثيوبية ومروراً بالانقسام الذي حدث في حركة التمرد والذي قسمها إلى ثلاثة فصائل متناثرة، وقد توقف الدعم الإسرائيلي تماماً سنة 1992.

ولكن مع مطلع سنة 1993، حدثت تطورات مهمة في منطقة القرن الإفريقي شجعت "إسرائيل" على إعادة تدفق دعمها لجنوب السودان، وقد تمثلت هذه التطورات في متغيرين وهما:

1. استقلال إريتريا سنة 1993 وإمكانية الانتشار من خلالها إلى جنوب السودان.

2. تبني الولايات المتحدة لمبدأ إيجاد مناطق أمنية في جنوب السودان على غرار ما حدث في العراق.

ومن ثم فقد عاودت "إسرائيل" دعمها للحركة الشعبية من جديد وأمدتها بعدة شحنات من المعدات العسكرية وأجهزة التنصت والإرسال الحديثة، وشملت الأسلحة الإسرائيلية بنادق سريعة الطلقات من طراز "أي كي 47" AK 47 ومدافع مورتر Mortar وقاذفات لهب وأجهزة اتصال ومعدات التقاط وإنصات لمواجهة القوات المسلحة السودانية[12].

استمرت المساعدات العسكرية للحركة طوال حقبة التسعينيات من القرن الماضي وحتى الآن، بل أن قرنق اعترف شخصياً بقيام "إسرائيل" بدعم حركته وإمدادها بالسلاح والخبراء. وتكشف ملفات سرية مخزنة في الأرشيف الخاص بالمخابرات الأمريكية عن ملفات تتعلق بنشاط "إسرائيل" في جنوب السودان، وأن عناصر عسكرية إسرائيلية كانت تعمل في جنوب السودان في مجال التخطيط والحرب مع قوات قرنق لغزو السودان بأكمله، وتتحدث المراسلات السرية بين الخارجية الأمريكية وسفرائها

---

[11] حسن مكي، 26 سبتمبر، 2004/5/20.

[12] سامي عبد القوي، تقسيم السودان أحد الخيارات الأمريكية الإسرائيلية، ص 20.

في السودان والدول المحيطة به عن حركة نقل سلاح عبر تلك الدول إلى الانفصاليين في جنوب السودان، وعن وجود إسرائيلي بارز في هذه الدول يدعم ويسهم في تقوية الانفصاليين[13].

ويدعم صحة هذا المخطط ما كشفت عنه وثيقة وضعها قرنق سنة 1994 وسلمها إلى أجهزة المخابرات الأمريكية والبريطانية، كشف فيها عن الأبعاد السرية لمخططاته حيث ذكر قرنق ما يلي:

السودان أرض إفريقية سوداء مسيحية وهي تماثل تماماً دولة الأندلس التي أقامها المسلمون على انقاد [أنقاض] إسبانيا والبرتغال وظلوا بها قروناً ثم طردوا منها أصحاب الأرض الأساسيين، لقد صارت الأندلس مسيحية مرة أخرى، وهذا السيناريو يجب أن ينفذ في السودان الذي يشكل عمقاً خطيراً للمد الإسلامي الذي يهدد القارة الإفريقية[14].

شملت المساعدات الإسرائيلية في هذه المرحلة عدا عن تقديم السلاح لحركة تحرير جنوب السودان تقديم المعلومات والتدريب في المعاهد الإسرائيلية وفي معسكرات منطقة النقب، وقد تمّ تدريب نحو ألف مقاتل خلال الفترة 1988-1992، وإيفاد ضباط وفنيين إسرائيليين عسكريين إلى مناطق الجنوب للإشراف على عمليات وتقديم المشورة لقوات قرنق.

عقب حدوث الانشقاق في حركة تحرير جنوب السودان إلى جناحين أساسين أحدهما بزعامة قرنق، والآخر الناصر بزعامة رياك مشار Riek Machar ولام أكول Lam Akol، سعت "إسرائيل" إلى تقديم العون والدعم إلى الجناحين وعززت علاقاتها مع جناح الناصر بعد ظهور بوادر على استعداد قرنق للتفاوض مع حكومة السودان وتخليه عن مطالب إقامة دولة مستقلة للتفاوض في الجنوب، وقد زار أحد زعماء حركة الناصر المقيم في لندن "إسرائيل" سراً بناء على دعوة من وزير الخارجية السابق شمعون بيريز (1992-1996) وأجرى محادثات مطولة خلال الزيارة التي دامت أسبوعاً[15].

---

[13] محمد صالح، وثائق أمريكية عن جنوب السودان، 2008، انظر:
http://www.sudanile.com/sudanile46.html

[14] جريدة **الشعب**، القاهرة، 1997/2/4.

[15] موشي فرجي، **مرجع سابق**، ص 46.

ويقدر الخبراء المساعدات التي قدمتها "إسرائيل" وأجهزة المخابرات الأمريكية والغربية للحركة الانفصالية في جنوب السودان بحوالي 500 مليون دولار، وكانت "إسرائيل" وراء نقل المعارك إلى شمال السودان وإسقاط الكرمك وقيسان[16].

ثانياً: دور دول الجوار في علاقة "إسرائيل" مع جنوب السودان:

تطلبت عملية إيصال الدعم الإسرائيلي المادي والمعنوي لمتمردي جنوب السودان توافر مجموعة من المقومات لتكون بمثابة نقاط الارتكاز والانطلاق. ولأن السودان من الناحية الجغرافية يعد بعيداً نسبياً عن "إسرائيل"، فقد اقتضى ذلك توفر هذه المقومات كضرورة للوصول إليه من خلال مواقع مجاورة ومتاخمة له، ولذا كان التفكير المنطقي أن تكون هذه المواقع في أثيوبيا وأوغندا وكينيا. وسرعان ما أدركت الزعامة الإسرائيلية ضرورة إقامة علاقات مع هذه الدول تتجاوز إطار العلاقات الدبلوماسية العادية.

كانت مثل هذه العلاقات تشكل أهم مقومات الدعم الإسرائيلي لحركة التمرد ذات التوجه الانفصالي في جنوب السودان، لذا فلم يكن غريباً أن تستأثر هذه العلاقات باهتمام كبير من لدن صناع القرار في "إسرائيل" منذ قيام الدولة، وقد تجلى هذا الاهتمام في مذكرة بعث بها ديفيد بن جوريون إلى الرئيس الأمريكي دوايت ديفيد أيزنهاور Dwight David Eisenhower سنة 1958، طرح فيها اقتراحاً بضرورة إنشاء وتشكيل حلف المحيط تنضم إليه أثيوبيا في القارة الإفريقية إلى جانب تركيا وإيران في قارة آسيا، باعتبار هذه الدول من الدول الرئيسية المناهضة للعرب والموالية للغرب استناداً على العلاقات التاريخية والأواصر التي تربطها بالشعب اليهودي منذ القدم.

وأشار بن جوريون في رسالته إلى الخطوات العملية إلى بدأ يتخذها في مجال بناء العلاقات والتعاون الوثيق بين هذه الدول و"دولة إسرائيل"، وكان من أهم هذه العلاقات الحميمة علاقة الإمبراطور الأثيوبي هيل سيلاسي بـ"إسرائيل"، وانطلاقاً من تلك الخطوة يمكن القول أن الدوائر الإسرائيلية بدأت تولي موضوع إقامتها

---

[16] حسن مكي، **26 سبتمبر**، 2004/5/20.

لشبكة العلاقات المتسعة مع الدول الإفريقية المحيطة بالأقطار العربية باهتمام خاص ومنقطع النظير [17].

سارت جولدا مائير على محددات السياسة نفسها التي رسمها بن جوريون، حيث تولت بنفسها عملية نسج العلاقات وتوطيدها وتطويرها، ولم تكن تمل يوماً من التذكير بما تنطوي عليه علاقات "إسرائيل" بالدول الإفريقية الثلاث من أهمية خاصة بالنسبة لـ"إسرائيل" نظراً لمواقعها الاستراتيجية المتميزة المجاورة للدول العربية، بالإضافة إلى كونها تشكل البوابة إلى إفريقيا، وكانت الزيارات المتتالية التي قامت بها مائير في عقد الخمسينيات والستينيات في جولاتها الطويلة في عرض وطول القارة السوداء وفي مركزها أثيوبيا وأوغندا وكينيا مؤشراً واضحاً على مدى الاهتمام الإسرائيلي.

وقد عكس الاهتمام بالدول الإفريقية الثلاث إدراك "إسرائيل" ضرورات هذه العلاقات وإمكانية استثمارها للضغط على الدول العربية وخاصة السودان، واستغلالها لتوفير مقومات الاستراتيجية الإسرائيلية في إضعاف الأقطار العربية وتهديد وحدتها الوطنية، ومن هنا كان تحركها الواسع نحو إقامة علاقاتها مع الدول الثلاث يشكل الوعاء الذي يستوعب كل دواعي ومبررات التدخل [18].

شكلت فترة الخمسينيات انعطافاً مهماً في تحرك "إسرائيل" نحو إقامة علاقات مع الدول الإفريقية وعلى الأخص الدول الثلاث أثيوبيا، وأوغندا، وكينيا. ففي سنة 1958 وما بعدها، أقامت "إسرائيل" علاقات مع تلك الدول بدءاً بأثيوبيا ثم أوغندا ثم كينيا، وقد اتبعت الدوائر الإسرائيلية خطواتها الهادفة إلى تعميق وجودها وتغلغلها في هذه الأقطار سعياً وراء توفير متطلبات ومقدمات التدخل في الجنوب السوداني بخطوات أخرى غير الدبلوماسية عبر تدعيم العلاقات العسكرية والتعاون الأمني وإنشاء القواعد العسكرية وتصدير السلاح إليها.

بعد محاولة انقلابية للإطاحة به ساعدته في الإفلات منها سنة 1960، تمكنت "إسرائيل" من الحصول على موافقة إمبراطور أثيوبيا هيل سيلاسي للإشراف على أجهزة الأمن الأثيوبي وتدريبها من قبل عناصر إسرائيلية نشطة، ومنها جهاز الأمن الداخلي والشرطة والاستخبارات ووزارة الداخلية، ولم تكن هذه السيطرة بمعزل عن

---

[17] موشي فرجي، **مرجع سابق**، ص 21.

[18] **المرجع نفسه**، ص 22.

مخطط "إسرائيل" للوثوب والانطلاق إلى السودان وبقية الدول العربية، فقد أتاحت هذه السيطرة الفرصة السانحة لأجهزة الاستخبارات الإسرائيلية الموساد وجناح المخابرات العسكرية للبدء في توجيه جهدها ونشاطاتها إلى السودان والدول العربية الأخرى[19].

كما أوفدت "إسرائيل" عدداً كبيراً من المستشارين العسكريين بقيادة الكولونيل باروخ سيفر ليتولى تنظيم وتدريب القوات الأوغندية، وقد بلغ عدد المستشارين العسكريين الإسرائيليين في أوغندا 500 مستشارٍ تغلغلوا في صفوف القوات المسلحة الأوغندية، وأسهموا بجهودهم في إقامة جهاز لمراقبة صفوف الجيش الأوغندي، الذي زودته "إسرائيل" بالأسلحة الخفيفة والمتوسطة والثقيلة ومن بينها رشاش العوزي ومدافع الهاون ودبابات شيرمان Sherman tank وطائرات المستير Master Aircraft[20].

شكلت العلاقات الإسرائيلية مع أثيوبيا وأوغندا وكينيا غطاء للتدخل والتغلغل الإسرائيلي في جنوب السودان، وقد كانت بداية الاتصال الإسرائيلي مع عناصر تمثل الزعامة لقبائل الجنوب عبر أوغندا، وتولى الاتصالات العقيد باروخ سيفر مع العناصر الجنوبية التي تخدم في الجيش السوداني. بعد هذه الاتصالات بدأت تتدفق الأسلحة الإسرائيلية إلى حركة التمرد جنوب السودان عبر الأراضي الأوغندية، وكانت أولى الصفقات في سنة 1962 ومعظمها من الأسلحة الروسية الخفيفة التي غنمتها "إسرائيل" من الجيش المصري في أثناء العدوان الثلاثي على مصر سنة 1956 بالإضافة إلى الرشاش الإسرائيلي الصنع عوزي[21].

جاء تدخل "إسرائيل" في السودان في بداية سنة 1963 من خلال اتصالات بين المتمردين والسفارات الإسرائيلية في أوغندا وأثيوبيا والكونغو وتشاد، وبعد سنة 1969 أخذ الدعم يأخذ الشكل العسكري، فقد وصلت بعثة إسرائيلية إلى بلدة توريت وتدرب ثلاثين من الأنانيا في "إسرائيل"، وكان السفير الإسرائيلي في كمبالا أوري لوبراني هو المسؤول عن الاتصالات مع الأنانيا[22].

---

[19] Arthur klinghoffer, Israel in Africa: *The Strategy of Aid, The Africa Report*, April 1972, pp. 12-14.

[20] حلمي الزعبي، **مرجع سابق**، ص 9.

[21] موشي فرجي، **مرجع سابق**، ص 33.

[22] Benjamin Beit-Hallahmi, *The Israeli Connection: Whom Israel Arms and why* (London: I.B.Tauris, 1987), pp. 43-55.

اتسعت عمليات تدريب ميليشيات المعارضة في جنوب السودان في كل من أوغندا وأثيوبيا وكينيا ثم أعادتهم مرة أخرى إلى مواقعهم في جنوب السودان، وعندما تسلم أوري لوبراني منصب سفير "إسرائيل" في أوغندا (1965-1966) ثم أثيوبيا (1967-1972)، تطور الدعم ليتخذ آفاقاً جديدة من بينها انتقال ضباط وجنود إسرائيليين من الوحدات الخاصة لتدريب المتمردين بالإضافة إلى استمرار تدفق الفصائل الجنوبية للتدريب في المعسكرات التي أقامتها "إسرائيل" في أوغندا وأثيوبيا وكينيا والعودة إلى مواقعهم مرة أخرى في الجنوب السوداني.

وفي بداية السبعينيات فتحت "إسرائيل" نافذة جديدة لدعم المتمردين وهذه النافذة كانت أوغندا فقد ارتبط جابي شفيق، رجل المخابرات الإسرائيلية في السفارة الإسرائيلية بأوغندا، بعلاقات وطيدة مع كثير من ضباط حركة الأنانيا الثانية وعلى وجه الخصوص وزير دفاعها فريدريك ماجون، وتولى الملحق العسكري الإسرائيلي في كامبالا العقيد باروخ بارينر مهمة إيصال المساعدات إلى المتمردين في جنوب السودان والإشراف عليها بنفسه[23].

كان الإسرائيليون فاعلين في تدريب "الأنانيا" في الجانب الأوغندي من الحدود مع السودان، وقد ضمت وحدات عسكرية أوغندية مدربة في صفوفها لاجئين من جنوب السودان دخلت الأراضي السودانية لمساعدة "أنانيا" وتواجد مع هذه الوحدات مستشارين إسرائيليين، وقد اعترف ضابط أوغندي بالعبور إلى السودان بصحبة مستشار إسرائيلي[24].

وفي سياق الاهتمام الإسرائيلي بما يحدث في السودان زار حاييم بارليف Haim Bar-Lev رئيس أركان الجيش الإسرائيلي أثيوبيا وأوغندا في نهاية السبعينيات، في وقت كان فيه لـ"إسرائيل" مراكز تدريب للانفصاليين في جنوب السودان على بحيرة تانا بين أثيوبيا والسودان[25].

تقلص الدور الإسرائيلي في الدول الإفريقية وعلى الأخص أوغندا وأثيوبيا بعد قطع علاقاتهما مع "إسرائيل" في سنتي 1972 و1973، والتوقيع على اتفاق السلام بين

---

23 سامي عبد القوي، **تقسيم السودان أحد الخيارات الأمريكية الإسرائيلية**، ص 19.

24 Arthur klinghoffer, *op. cit.*

25 عودة دياب، **مرجع سابق**، ص 128.

الحكومة السودانية والمتمردين سنة 1972، ولكنه عاد للتنامي مرة أخرى مع انفجار حركة التمرد مرة أخرى سنة 1983 وعودة العلاقات الإسرائيلية مع أوغندا وأثيوبيا في عقد الثمانينيات حيث توسعت حركة التمرد واستطاعت احتلال بعض الأراضي غير تلك التي تطالب باستقلالها عن شمال السودان، وقد عكس ذلك الدعم غير المسبوق لأثيوبيا في توفير الإمدادات لحركة التمرد ووضع محطة إذاعية تحت تصرفهم بدعوى التطابق والانسجام الأيديولوجي بين قرنق زعيم حركة التمرد والرئيس الأثيوبي السابق منغستو هيلا مريام[26].

شكلت أثيوبيا وأوغندا قواعد لوجستية لمقاتلي الجيش الشعبي لتحرير السودان في معسكرات تدربوا فيها على العمليات الخاصة واستعمال الأسلحة الحديثة، وقد أشرف على هذا البرنامج ضباط إسرائيليون وضباط من المخابرات، وفي سياقه تخرج أكثر من خمسة آلاف مقاتل من هذه المعسكرات. وفي اعترافاته أكد المرتزق الألماني شتاينر أن بعض تلك القواعد يقع على بعد ثمانية أميال فقط من الحدود السودانية، وأن الإسرائيليين أسسوا معسكراً تدريبياً داخل جنوب السودان وشاركوا في وضع الألغام في الأنهار[27].

ثالثاً: صلة جون قرنق بـ"إسرائيل":

أدركت الأوساط الإسرائيلية أهمية تكوين علاقات شخصية ومباشرة مع قيادات الجنوب السوداني على غرار العلاقات التي نشأت مع قيادات الأكراد مثل مصطفى البرزاني ثم نجله مسعود البرزاني، وبمتابعة استخبارية إسرائيلية برز الضابط في الجيش السوداني العقيد جون قرنق والذي قاد حركة التمرد الثانية سنة 1983 وأنشأ جناحاً عسكرياً باسم الجيش الشعبي لتحرير السودان وآخر عسكرياً باسم الحركة الشعبية لتحرير السودان، وقد التقى أكثر من مسؤول سياسي وأمني واستخباراتي إسرائيلي بقرنق في عدة دول إفريقية، حيث تمّ توثيق العلاقة معه وتقديم الدعم السياسي والمادي له ليستمر في قيادة حركة الانفصال الجنوب عن الشمال.

---

[26] موشي فرجي، **مرجع سابق**، ص 39.

[27] Edgar Oballance, *Sudan - Civil War and Terrorism, 1956-1999* (London: Macmillan Press, 2000), p. 76.

ولد قرنق في ولاية بور بجنوب السودان، ودرس في الولايات المتحدة بعد حصوله على منحة دراسية حيث حصل فيها على درجة الماجستير من جامعة ايفا، وبعد انتهاء دراسته تلقى دورات عسكرية في الولايات المتحدة نفسها، وحصل على دورة عسكرية في "إسرائيل" في كلية الأمن القومي، وعاد لجنوب السودان لينضم إلى حركة "أنانيا"[28].

بعد أن أمضى فترة في جنوب السودان وانخرط في النشاط السياسي في إطار حركة تحرير جنوب السودان، عاد مرة أخرى إلى الولايات المتحدة والتحق بنفس الجامعة ايفا ليحصل على الدكتوراه في الاقتصاد الزراعي، وبعد الانتهاء من دراسته عاد مرة أخرى للسودان وانضم إلى صفوف الجيش السوداني ليتولى منصب رئيس مركز الأبحاث السياسية وحاضر في جامعة الخرطوم.

استخلص الخبراء الإسرائيليون الذين تعاملوا مع قرنق، وهم رئيس الموساد الأسبق ديفيد كمحي David Kimche وإلياهو بن إليسار Eliyahu Ben-Elissar وأوري لوبراني، ملامح شخصية قرنق تتخلص في أنه ذو شخصية قوية، يمسك بالهدف، مستعد للقتال من أجل هذا الهدف، مخلص لقومه في جنوب السودان حريص على تحقيق أهدافهم وفي مقدمتها حقّ تقرير المصير، صلب في مواجهة الحكومة المركزية على مرّ العهود ابتداء من عهد النميري حتى الرئيس الحالي عمر البشير[29].

هذه الملامح وهذه المزايا الكامنة في شخصية قرنق لفتت الأنظار الأمريكية والعناصر الاستخبارية الإسرائيلية المتواجدة في الولايات المتحدة خلال فترة دراسته في أمريكا، وتسابقت هذه العناصر في ملاحقة حركته ونشاطه ورصدت نمط حياته وسلوكه حتى تتوصل إلى كيفية التعامل معه مستقبلاً.

كانت هذه الملامح التي تجسدت في شخصية قرنق سبباً في توليه قيادة حركة تحرير جنوب السودان طوال هذه الفترة، وأيضاً إلى تحقيق إنجازات سياسية وعسكرية لحركته، حتى أن حكومة الخرطوم أصرت على التعامل معه باعتباره المعادلة الوحيدة والقوية. وأدى صعود نجم حركة قرنق مقابل حركة أنانيا إلى زيادة المساعدات المقدمة لقرنق خلال الفترة بين 1990-1999 من قبل رؤساء الحكومات الإسرائيلية المتعاقبة، إسحق شامير Yitzhak Shamir وإسحق رابين Yitzhak Rabin وبنيامين نتنياهو.

[28] فهمي هويدي، جريدة **الخليج**، الإمارات، 2004/6/8.

[29] موشي فرجي، **مرجع سابق**، ص 79.

وكشفت مجلة معرخوت المتخصصة في الشؤون العسكرية، أن قيمة هذا الدعم بمختلف أشكاله وصل إلى 500 مليون دولار غطت الولايات المتحدة القسم الأكبر منه[30].

تدخلت "إسرائيل" في الصراع الدائر بين قرنق وحركة أنانيا والذي تطور إلى تصفيات واشتباكات مسلحة بين الطرفين وعملت على تضييق هوة الخلاف، إلا أن قرنق أحدث انقسامات في الأنانيا أدت إلى انضمام بعض قياداتها إلى حركة تحرير جنوب السودان، وبذلك أصبح لقرنق وحركته دوراً ريادياً في الحرب التي خاضها ضدّ حكومة السودان رافضاً أي تنازل عن مطالبه بالاستقلال عن الشمال، واستطاع أن يحقق مكاسب مهمة على الأرض واقترب من السيطرة على مدينة جوبا خارج جنوب السودان.

زار قرنق "إسرائيل" ثلاث مرات، والتقى مع أعلى المستويات القيادية ومن بينها رئيس الوزراء ووزير الخارجية ووزير الدفاع، بالإضافة إلى قادة إسرائيليين زاروا أثيوبيا وإريتريا وكينيا وأوغندا وزائير[31].

كان للدعم الإسرائيلي دوراً أساسياً في الإنجازات التي حققها قرنق، وهو ما اعترف به عندما التقى مسؤولاً كبيراً في وزارة الدفاع الإسرائيلية زار أسمرا عاصمة إريتريا مطلع سنة 1993 حيث قال معترفاً بفضل "إسرائيل": "أنتم ظهير الجماعات والأقليات المقهورة ولولاكم لما تحرر الأكراد من العبودية العربية ولما نفض الجنوبيون عن كاهلهم غبار الخضوع والذل والعبودية... ونحن نتطلع إلى استمرار هذا الدور حتى بعد أن يتمكن الجنوبيون من تشكيل كيان سياسي وقومي خاص بهم منسلخاً ومنفصلاً عن سيطرة الشمال"[32].

عبّر قرنق عن رؤية متطابقة مع "إسرائيل" في نظرتها للعرب والأفارقة، ولعب على وتر العرق والدين عندما قال أمام المؤتمر الإفريقي الجامع السابع في كمبالا في نيسان/ أبريل 1994:

الجلابة [العرب] عبارة عن هجين عناصر عرقية وجنسيات مختلفة تضم أهالي إفريقيين ومهاجرين عرب وأتراك وإغريق وأرمن... الجلابة الذين سجلوا أنفسهم كعرب في إحصاء 1955 يشكلون 31% من عدد سكان السودان في حين

---

[30] المرجع نفسه، ص 80.

[31] رفعت سيد أحمد، الموساد يخترق السودان مهدداً عروبته!! (قضيتا الجنوب ودارفور أنموذجاً).

[32] موشي فرجي، **مرجع سابق**، ص 83.

سجل 61% أنفسهم كأفارقة... لقد وجد الجلابة أنفسهم أقلية حاكمة متميزة طبقت العروبة والإسلام السياسي لحماية مراكزها الاقتصادية والسياسية والاجتماعية... ولنا في إسرائيل مثل مدعومة بصورة كبيرة بوسيلة أو أخرى بملايين من يهود الدياسبورا[33].

لقي قرنق مصرعه في حادث تحطم طائرة مروحية أوغندية كانت تقله إلى السودان في 2005/8/2.

رابعاً: "إسرائيل" ودارفور:

1. المقدمة:

يقع إقليم دارفور في الطرف الغربي من السودان وتبلغ مساحته 510 كم^2 وعدد سكانه لا يتجاوز ستة ملايين نسمة، وعلى الرغم من صغر مساحته مقارنة بمساحة السودان البالغة 2.5 مليون كم^2، فإن الإقليم يحتوي على ثروات نفطية ومعدنية عديدة إضافة لثرواته الزراعية وموقعه الاستراتيجي في القارة السوداء.

يتصف إقليم دارفور بجملة من التناقضات الجغرافية واللغوية والعرقية والاقتصادية والثقافية والاجتماعية والسلطوية المعقدة، بحيث يمكن وصفه بالقنبلة الموقوتة القابلة للانفجار مع أي تحرك داخلي أو تدخل خارجي لتفجير السودان بأكمله. وتعيش فيه 85 قبيلة عربية وإفريقية تتوزع بين حضرية وراحلة، يشكل العرب بينها 40% والأفارقة 60% غالبتيهم من المسلمين، وقد دخلت "إسرائيل" على باب هذه التناقضات لتستثمرها في خدمة مصالحها الاقتصادية وأمنها القومي[34].

2. التأثير الإسرائيلي في دارفور:

أضحت أزمة دارفور بنداً مهماً على أجندة الاهتمامات الإسرائيلية وأنشطة الموساد لجعل السودان منكباً وغارقاً دائماً في مشاكله الداخلية وبالتالي إبعاده عن لعب أي دور محوري في قضايا المنطقة. وقد كان استقبال "إسرائيل" للاجئين السودانيين، الذين

---

[33] إبراهيم نصر الدين، وآخرون، "القرن الإفريقي - أهم القضايا المثارة،" حلقة نقاش، **المستقبل العربي**، العدد 218، 1997، 101-102.

[34] محمود كعوش، مجلة **البيادر السياسي**، القدس، 2004/10/16.

تشير الإحصائيات إلى أن 40% منهم من جنوب السودان و35% من دارفور و25% من جبال النوبة، مؤشراً إلى مدى الاهتمام الإسرائيلي بهذه المناطق ضمن استراتيجيتها في إشاعة الفوضى فيها وفصلها عن السودان الموحد[35].

مكّن ظهور تمرد دارفور بشكل قوي وبتكتيك عسكري منظم قوات التمرد من تصعيد عملياتها العسكرية ضدّ القوات الحكومية السودانية في وقت سياسي نسبياً، الأمر الذي دلل على أن هناك أيادٍ وقوى خارجية تعبث في القضية وتدعم قوات التمرد بدارفور. وكان من أبرز هذه القوى التي كشف النقاب عنها وأيدتها المعطيات هي "إسرائيل"، حيث أكدت التقارير تورطها في تقديم الدعم اللوجستي للمتمردين من خلال القيام بتدريبهم وتسليحهم عبر دول الجوار ومنها إريتريا وتشاد[36].

ما يزخر به إقليم دارفور من كميات ضخمة من الثروات المعدنية، وعلى رأسها اليورانيوم، يفسر خلفية الاهتمام الإسرائيلي المتزايد بهذه المنطقة. إضافة إلى البترول واليورانيوم، تتمتع أقاليم دارفور الثلاثة بوجود ما يقرب من 40 مليون فدان (الفدان يساوي 4,200 $م^2$) من الأراضي الخصبة لم يستغل منها سوى الثلث، وأكثر من 24 مليون فدان من الغابات والمراعي الطبيعية التي تزخر بكميات هائلة من الصمغ، تقدر بحوالي 16% من الإنتاج العالمي للصمغ، إلى جانب كميات كبيرة من النحاس والحديد والرصاص والجرانيت والكروم، والصخور النادرة والرسوبيات وأحجار البناء، لتشكل منتجاته نسبة 45% من الصادرات السودانية غير النفطية[37].

قامت "إسرائيل" بالتنسيق مع الولايات المتحدة برعاية اللقاء الذي جمع بين جون قرنق، زعيم الحركة الشعبية لتحرير السودان، وزعماء حركات تمرد دارفور في واشنطن خلال سنة 2004، والذي استهدف التنسيق بين الحركة الشعبية وحركات التمرد في دارفور من جهة، ومدّ الجسور بين "إسرائيل" وزعماء حركات التمرد في دارفور من جهة أخرى، وقد تواكب هذا اللقاء مع صدور دراسة استراتيجية أمريكية تمّ تسريبها، يدور فحواها حول وجود سيناريو لتقسيم السودان لثلاث دول إحداها دولة

35 عبد القادر شهيب، **المصور**، 2007/11/16.

36 سامي عبد القوي، "الدور الإسرائيلي في دعم وتدويل أزمة دارفور،" ص 200.

37 أحمد الشيمي، مرجع سابق.

في دارفور موالية لـ"إسرائيل"، وعلى الرغم من صدمة هذا السيناريو، إلا أنه في ضوء ما حققته حركة التمرد في جنوب السودان وما وصلت إليه من نتائج، يجعلنا نتعامل معه بشيء من الجدية[38].

استغلت "إسرائيل" وجودها النشيط في إريتريا، واتخذت منها مركزاً لدعم حركات التمرد بدارفور من خلال القيام بتدريبهم وتسليحهم، وقد بدأ الترتيب لهذا الدعم من خلال اجتماع بعض قيادات حركات التمرد بالسفير الإسرائيلي في أسمرا برعاية إريترية خالصة، بل إن إريتريا قامت بالترتيب لعقد لقاء بين بعض حركات التمرد في دارفور ومسؤولين عسكريين إسرائيليين في إحدى السفارات الإسرائيلية في إحدى دول غرب إفريقيا، وهو اللقاء الذي تمّ فيه الاتفاق على مشاركة "إسرائيل" في تمويل بعض حركات التمرد الرئيسية في دارفور. وقد شارك في هذا اللقاء الشريف حرير، نائب رئيس حزب التحالف الفيدرالي السوداني، والذي قام أيضاً بزيارة "إسرائيل"، كما قامت إريتريا برعاية اجتماع سري في أسمرا في مطلع سنة 2004، جمع بين كل من الجنرال بنيامين يوشع مسؤول ملف القرن الإفريقي في الموساد، وقادة حركة التمرد في دارفور وقرنق، وكان الهدف منه توفير الدعم لحركات التمرد بدارفور[39].

عكفت "إسرائيل" على توثيق علاقاتها مع النظام الحاكم في تشاد حيث يدخل المزيد من الأسلحة والمسلحين إلى دارفور، فيما أضحت مخيمات اللاجئين وعلى نحو متزايد معسكرات للمسلحين، وتنشط الاستخبارات العسكرية الإسرائيلية داخل وخارج هذه المخيمات[40].

وقد كشفت نتائج التحقيقات مع إسرائيليين اعتقلهما الأردن بتورطهما بتهريب السلاح إلى إقليم دارفور السوداني، واعترف صاحب صفقة السلاح الرئيس ويدعى عاموس جولان أنه يدير مصنعاً للأسلحة في تل أبيب، وله مكتب استشاري لتسليح الحركات الانفصالية والمنظمات الخاصة وشركات الأمن، أما الشخص

---

[38] سامي عبد القوي، "الدور الإسرائيلي في دعم وتدويل أزمة دارفور،" ص 201.

[39] المرجع نفسه.

[40] Keith Harmon Snow, The US's War In Darfur, 23/11/2007,
http://www.dissidentvoice.org/2007/11/the-us%e2%80%99s-war-in-darfur

الثاني فيعمل بصورة مباشرة مع الابن الأصغر لمدير جهاز المخابرات الإسرائيلية السابق داني ياتوم Dani Yatom[41].

واهتمت "إسرائيل" بنسج علاقات تعاون مع بعض المنظمات المتمردة في دارفور خاصة حركة العدل والمساواة، وتمثل هذا التعاون في تدريب أفرادها على فنون القتال في معسكرات خاصة بإريتريا ومدها بالسلاح والعتاد والتنسيق بين قادتها وقادة الجيش الإسرائيلي فضلاً عن تقديم المساعدات المالية والإنسانية لأهالي دارفور ولاجئيهم[42].

كما زار رئيس حركة تحرير السودان المتمردة في دارفور عبد الواحد محمد نور "إسرائيل" أكثر من مرة كان آخرها في 2009/2/4، وقد بحث أوضاع السودانيين المهاجرين إلى "إسرائيل" والذين تنقلهم السلطات الإسرائيلية إلى مدن الشمال ضمن مجموعات من المهاجرين الأفارقة من دول القرن الإفريقي وغرب إفريقيا المتسللين عبر الحدود مع مصر، وأكد إبراهيم بشارة المستشار لعبد الواحد نور أن للحركة مكتباً بـ"إسرائيل" تمّ افتتاحه في شهر نيسان/ أبريل 2008[43].

وقد كانت تصريحات عبد الواحد، بعد التوصل إلى اتفاق الدوحة حول دارفور في شباط/ فبراير 2009 ورفضها له، مؤشراً على توجهات بإدامة أزمة دارفور واستخدامها الهاربين من دارفور إلى "إسرائيل" جسراً للعلاقة مع "إسرائيل" والحصول على دعمها، حيث أكد عبد الواحد الذي رفض حتى الآن كل مبادرات السلام، زيارته "إسرائيل". وأضاف "سنذهب إلى إسرائيل مرات ومرات طالما أن هناك أكثر من ثمانية آلاف سوداني شردتهم حكومة الخرطوم والآن هم لاجئون في إسرائيل، وأكثر من 400 منهم في السجون"، وقال "إن التطبيع الاجتماعي حصل لأن هؤلاء اللاجئين يعيشون مع الإسرائيليين"، مشيراً إلى أنه "بالنسبة للتطبيع السياسي موقفنا ثابت.. نحن في حركة تحرير السودان ليس لنا أي عداوة مع دولة إسرائيل أو مع الشعب في إسرائيل، وبعد وصولنا إلى السلطة ستكون لنا علاقات دبلوماسية كاملة مع إسرائيل وسنفتح سفارة لإسرائيل في الخرطوم وقنصليات إسرائيلية في مختلف أقاليم السودان"[44].

---

[41] خالد الشوبكي، جريدة الوطن، أبها (السعودية)، 2004/1/26.

[42] عبد القادر شهيب، المصور، 2007/11/16.

[43] كمال بخيت، جريدة القدس العربي، لندن، 2009/2/5.

[44] المرجع نفسه.

وقد كشفت دراسة حديثة أعدها معهد أبحاث قضايا الدفاع والأمن ونزع السلاح في بروكسل تحت عنوان "تهريب السلاح إلى إفريقيا"، أن إقليم دارفور أصبح سوقاً لتجارة الأسلحة الإسرائيلية، ومورداً أساسياً لتجارة السلاح القادم من "إسرائيل" إلى إفريقيا بصفة عامة[45].

وقد أوضح وزير خارجية السودان السابق مصطفى إسماعيل، عند حضوره الاجتماع الطارئ لوزراء الخارجية العرب لبحث أزمة دارفور في السعودية في 2004/8/9، أن "المعلومات التي لدينا تؤكد ما تردد في أجهزة الإعلام من وجود دعم إسرائيلي، وأنا متأكد أن الأيام المقبلة ستكشف عن كثير من اتصالات إسرائيلية مع المتمردين. وليس أدل على ذلك من أن سفير إسرائيل في الأمم المتحدة عندما تحدث عن الجدار الفاصل في الضفة الغربية بدأ حديثه عن دارفور وما يفعله العرب في دارفور"، وقال إسماعيل "إن إسرائيل نشطت مؤخراً للدخول في قضية دارفور من عدة جوانب سواء كان من خلال تواجدها النشط في إريتريا أو من خلال نشاطات بعثاتها في المناطق التي التهبت مؤخراً ولذلك نحن أمام ثبوت وجود علاقة سابقة بين متمردي الجنوب والغرب في البيان التأسيسي لكلتا الحركتين الحركة الشعبية لتحرير السودان والحركة الشعبية لتحرير دارفور"[46].

وأشار الأكاديمي والجامعي السوداني مدير معهد الدراسات الإفريقية الدكتور حسن مكي، أن التغلغل الإسرائيلي في القضايا السودانية عامة، وأزمة دارفور على وجه الدقة والتحديد قد دخل مرحلة اللاعودة وأصبح من الصعب منعه أو التحكم فيه أو السيطرة عليه. وقال:

> الإسرائيليون موجودون في السودان، فهنالك شركات إسرائيلية في الجنوب موجودة تحت يافطات الفندقة وهي مسجلة بأسماء وهمية في كينيا، وهناك شركات إسرائيلية للنحاس في دارفور محاذية لبحر الغزال، كما أن الإسرائيليين موجودون في منظمات المجتمع المدني والهيئات الإغاثية في دارفور وتشاد، وهم موجودون في القوات الهجين كمستشارين وعاملين

---

[45] دارفور مورد أساسي لتجارة السلاح القادم من إسرائيل، جريدة الصحافة الإلكترونية.

[46] محمد علوش، البصمات الإسرائيلية والقرار 1706: تفتيت للسودان أم حماية لدارفور، إسلام أون لاين، انظر: http://www.islamonline.com/article1.asp?id=5141

في الأمم المتحدة بجنسيات مختلفة، كما أن مجلس الوزراء الإسرائيلي هو مجلس الوزراء الوحيد في العالم الذي عقد جلسة خاصة لدراسة الوضع في دارفور، وهذا دليل واقعي على أن إسرائيل تريد أن تكون طرفاً أساسياً في دارفور [47].

وأعلن السفير السوداني في الجزائر حيدر حسن, في 2007/6/17، أن "إسرائيل" وراء استمرار تردي الأوضاع في إقليم دارفور. وقال أن "إسرائيل زودت المتمردين من حركة العدل والمساواة وحركة تحرير السودان ما بين عامي 2002-2003 بـ 50 ألف قطعة سلاح بين بنادق كلاشينكوف ورشاشات مضادة للطيران كما دعمتهم بـ 50 مليون دولار خلال نفس الفترة" [48].

3. تصريحات القيادات الإسرائيلية حول دارفور:

دخلت "إسرائيل" على خط الحملة الغربية الموجهة ضدّ السودان، لتقحم نفسها في أزمة دارفور وتدخلها في دائرة اهتمامها، فوضعتها كبند مهم في أجندة سياستها الخارجية. وبررت الدوائر الإسرائيلية هذا الاهتمام في خطاب وجهه وزير الخارجية الإسرائيلي الأسبق سيلفان شالوم إلى حكومته بقوله: "إن أمة إسرائيل التي كانت لها معاناة عظيمة في الماضي لا يمكن أن تقف مكتوفة الأيدي إزاء الآلام التي تعصف بالآخرين في دارفور، وأن عليها أن تبذل مساعيها لمساعدة الجهود الدولية المتعلقة بالمأساة في دارفور" [49].

أقر وزير الأمن الداخلي الإسرائيلي السابق آفي ديختر Avraham Dichter بقيام "إسرائيل" بدور مؤثر وفعال بالأوضاع في دارفور، وذلك بمساندتها للسياسة الأمريكية في المنطقة وبوضعها خطة للتدخل الإسرائيلي في دارفور منذ سنة 2003 بواسطة رئيس الوزراء السابق أريل شارون. وهذه النظرة وجدت تعبيراً لها في كلمة قاطعة ألقاها شارون خلال اجتماع للحكومة سنة 2003، حيث قال أنه "حان الوقت للتدخل في غرب السودان وبنفس الآلية والوسائل وبنفس أهداف تدخلنا في جنوب السودان"، ويقول

---

[47] محمد عرفة، ما هي الأهداف الإسرائيلية من التدخل في دارفور؟، إسلام أون لاين، انظر:

http://www.islamonline.net/servlet/Satellite?c=ArticleA_C&cid=1203759171424&pagename=Zone-Arabic-News/NWALayout

[48] محمود أبو العينين وآخرون، **التقرير الاستراتيجي الإفريقي 2006-2007م**، ص 523.

[49] سامي عبد القوي، "الدور الإسرائيلي في دعم وتدويل أزمة دارفور،" ص 201.

ديختر أن تدخل "إسرائيل" في إنتاج وتصعيد البؤرة الجديدة في دارفور، كان حتمياً وضرورياً، حتى لا يجد السودان المناخ والوقت لتركيز جهوده باتجاه تعظيم قدراته. وأن ما أقدمت عليه من جهود على مدى ثلاثة عقود يجب أن لا يتوقف لأن تلك الجهود كانت بمثابة المداخل والمقدمات التي أرست منطلقاتها الاستراتيجية في "أن سودان ضعيف ومجزأ وهش أفضل من سودان قوي وموحد وفاعل".

وأشار ديختر إلى أن الحركة الإسرائيلية في دارفور لم تعد قاصرة على الجانب الرسمي وعلى نشاط أجهزة معينة، بل إن المجتمع الإسرائيلي بمنظماته المدنية وقواه وحركاته وامتداداتها في الخارج تقوم بواجبها لصالح سكان دارفور، وأكد "نحن متواجدون في دارفور لتأكيد خطنا الاستراتيجي من أن دارفور كجنوب السودان من حقه أن يتمتع بالاستقلال وإدارة شؤونه بنفسه، لوضع حدّ لنظام السيطرة المفروض عليه عنوة من قبل حكومة الخرطوم"[50].

ولعل أبرز دليل على الدور الإسرائيلي ما قاله سفير "إسرائيل" الأسبق في الأمم المتحدة دان غيلرمان Dan Gillerman عندما تحدث عن الجدار الفاصل في الضفة الغربية، كما أشار مصطفى إسماعيل، حيث بدأ غيلرمان حديثه عن دارفور وما يفعله العرب هناك، إضافة إلى تحرك الجاليات اليهودية لإثارة الأقاويل عن أحداث دارفور، بل إن وزيرة الخارجية الإسرائيلية السابقة تسيبي ليفني، أعلنت بتبجح في 2007/5/24 إن حكومتها ستساعد في إيجاد حلّ للأزمة في إقليم دارفور السوداني، وذلك خلال لقاء جمعها مع عدد من السفراء الأفارقة في تل أبيب، حيث ناقشت معهم الأزمة في الإقليم[51].

كما قال آرييه ميكيل Aryeh Mekel قنصل "إسرائيل" العام السابق في نيويورك في الاتجاه نفسه أن "دولة إسرائيل تتابع التطورات في دارفور بعناية، وكشعب مرّ في اضطهاد، لا يمكن أن نقف متفرجين أمام كارثة إنسانية مدمرة وفقاً للقيم اليهودية"[52].

[50] هانئ رسلان، استراتيجية إسرائيل تجاه دارفور: رؤية من الداخل، صحيفة سودانايل الإلكترونية، 2009/2/3، انظر:
http://www.sudanile.com/arabic/index.php?option=com_content&view=article&id=478:2009-02-03-19-08-50&catid=118:2009-02-03-19-03-41&Itemid=55

[51] رفعت سيد أحمد، الموساد يخترق السودان مهدداً عروبته!! (قضيتا الجنوب ودارفور أنموذجاً).

[52] Ned Goldstein, Save Darfur: Zionist Conspiracy?, Exploiting African Genocide for Propaganda, World War 4 Report, http://www.ww4report.com/node/2582

وقد بادرت الصحف الإسرائيلية إلى حملة أبرزت فيها ما يحدث في دارفور ووصفته بالإبادة الجماعية، وفي هذا السياق كشف الموقع الإلكتروني لجريدة يديعوت أحرونوت الإسرائيلية Yedioth Ahronoth، أن وزارة الخارجية الإسرائيلية تدرس التبرع بخمسة ملايين دولار لصالح من أسمتهم بـ "ضحايا مجازر الإبادة الجماعية" في إقليم دارفور السوداني، مشيرة إلى إن إعلان التبرع تضمن أن "إسرائيل" لا تستطيع أن تقف متفرجة دون تقديم المساعدة الإنسانية، بينما تحدث أكبر الأزمات الإنسانية في العالم[53].

4. دور اللوبي اليهودي في قضية دارفور:

لم يقتصر الاهتمام بدارفور فقط على "إسرائيل" الرسمية بل تعداها إلى تحريك المجتمع الدولي وإثارته مزاعم الإبادة الجماعية. ويتولى اللوبي اليهودي في العالم عبر الوكالة اليهودية العالمية وبالتعاون مع "إسرائيل" مسؤولية نشر هذه المزاعم داخل برلمانات العالم، والترويج لوجود محرقة أو إبادة في دارفور لتحقيق هدف مزدوج هو تفتيت السودان وزرع الفوضى في دارفور وتأجيج الصراع.

واتساقاً مع هذه الحملة قامت الجماعات اليهودية وأكثر من عشرين منظمة يهودية وقيادات من المجتمع المدني في الولايات المتحدة بتأسيس تحالف أطلق عليه "أنقذوا دارفور" Save Darfur Coalition في صيف سنة 2004، كما قامت بتوجيه نداء للرئيس الأمريكي السابق جورج بوش George Bush موقع عليه من زعماء هذه المنظمات لحثه على فرض تدخل دولي فوري ومتعدد في إقليم دارفور[54].

وتشير مصادر رسمية سودانية إلى أن هناك 258 منظمة أجنبية تضم جيشاً جراراً ممثلاً في 15 ألف عضو تعمل في دارفور، وأن هناك محاولات غربية للمتاجرة بقضية لاجئي دارفور في تشاد الذين يبلغ عددهم 200 ألف نسمة، فقط بغرض التدخل العسكري بحجة إعادتهم وفرض الاستقرار هناك. وتتعمد "إسرائيل" ودول الغرب تضخيم ما يجري في دارفور بالحديث عن إبادة جماعية نالت مئات الآلاف من اللاجئين على الرغم من أن سكان دارفور 6 ملايين و750 ألف نسمة، وكل النازحين عن أراضيهم في معسكرات (21 معسكراً) داخل السودان 650 ألف إنسان. وقد نجحت منظمة "إنقاذ دارفور" اليهودية في إقناع بوش بإصدار قرارات بفرض عقوبات اقتصادية

---

[53] جريدة روز اليوسف، القاهرة، 2007/5/11.

[54] سامي عبد القوي، "الدور الإسرائيلي في دعم وتدويل أزمة دارفور،" ص 201.

على السودان كبداية لحركة شاملة ضدّ السودان، خصوصاً أن الأموال التي جمعتها المنظمة لم تذهب لمساعدة الضحايا وعائلاتهم، لكنها صرفت على حملات إعلامية ودعائية لإقناع إدارة الرئيس بوش والضغط على حكومات أجنبية للضغط على حكومة السودان، وكمثال على ذلك ضغطت الجمعية الصهيونية على شركتي فيدلتي Fidelity Investments و بيركشاير هاثاواي Berkshire Hathaway للاستثمارات لسحب أسهمهما في شركة بتروتشاينا الصينية PetroChina Company البترولية العملاقة التي تشترك في صناعة البترول في السودان.[55]

وقد شهدت حركة "أنقذوا دارفور" انقساماً كبيراً على خلفية التشكيك بدوافعها والارتباط باليهود و"إسرائيل"، وتمّ استبدال قادة الحركة بعد شكاوى متعلقة بإنفاق الأموال وتلقيهم عشرات آلاف الدولارات شهرياً، وارتكاب المتمردين في دارفور الذين تدعمهم جرائم دون حسيب أو رقيب. وتتزايد المطالب بالتحقيق في حسابات حركة "أنقذوا دارفور" لمعرفة وجهة إنفاق عشرات الملايين من التبرعات في ضوء الاتهامات بالاتجار في السلاح والرشاوى، حيث يقيم قادة التمرد في فنادق خمسة نجوم برفقة العاهرات.[56]

وحول دعاوى الإبادة في دارفور يشير مراسل جريدة لوموند الفرنسية Le Monde في الخرطوم إلى أنه لا توجد مذابح أو "جينوسيد" Genocide كما تحاول أمريكا والجمعيات اليهودية الترويج لذلك، ويكتب المراسل جان فيليب رومي Jean-Philippe Remy في 2007/6/21، بأن "تعريف "الجينوسيد" هو التخلص من جماعة من البشر تنتمي لعرق أو دين بعينه. وما يحدث في السودان لا ينطبق عليه المعنى فلا يمكن القول بأن العرب يقتلون من ليسوا بعرب فالكل يتعرض للموت بنفس الدرجة"، وهذا ما يؤكده روني برومان Rony Brauman في 2007/6/20، رئيس جمعية "أطباء بلا حدود" Médecins Sans Frontières (MSF) التي تشارك في إعانة السودانيين منذ بداية أزمة دارفور، حيث يقول أن الموجود: "هو صراع بين جماعات وفرق مسلحة تتقاتل فيما بينها وأن معظم الذين يسقطون موتاً هم في غالبيتهم من بين هذه الجماعات المسلحة. ويقدر الخبراء أن عدد الموتى الشهري يصل إلى نحو

[55] محمد عرفة، مرجع سابق.

[56] Ned Goldstein, Save Darfur: Zionist Conspiracy?.

200 شخص. وأن ما يتعرض له المدنيون من مخاطر يأتي من هذه الجماعات. فهي التي تدفع الآلاف لهجر قراهم في ظروف صعبة"[57].

وما يدحض الدعاوى بأن هناك عمليات قتل جماعي ضدّ المسيحيين أو حرب إسلامية مقدسة ضدّ المسيحيين، أن الطوائف العرقية العربية والإفريقية السوداء بينها ترابط وتداخل منذ قرون وهم في غالبيتهم مسلمون، وحملة "أنقذوا دارفور" التي تثير هذه الدعاوى هي تتويج لعمل المنظمات الدينية اليهودية والمسيحية في الولايات المتحدة وكندا و"إسرائيل"، وهي التي تنادي بعمل عسكري في دارفور تحت عنوان الإبادة الجماعية من أجل تقويض علاقة السودان مع الصين وإبعادها عن النفط المكتشف في دارفور[58].

وتنظم منظمة خدمة العالم اليهودية الأمريكية العديد من الأنشطة حول دارفور، فقد قامت بحملة للتبرع لأهل دارفور ومناصرتهم، وعلى موقع المنظمة في الشبكة العنكبوتية قسم خاص بدارفور فيه العديد من الفعاليات حول هذا الموضوع منها مظاهرة في واشنطن في 2005/4/30، احتجاجاً على ما يجري في دارفور من إبادة جماعية حسب وصفها، وفي نهاية نيسان/ أبريل 2006، أجريت في واشنطن مظاهرة كبيرة تحت عنوان "أنقذوا دارفور، أوقفوا مذابح الشعب"، وأجريت مثيلاتها موازية في أنحاء الولايات المتحدة، وكانت الروح الحية في تنظيم المظاهرة ائتلاف لعشرات المنظمات اليهودية التي تجند المال والتي مارست ضغوطاً على إدارة بوش السابقة، وكان أكثر المشاركين في هذه المظاهرات يهوداً[59].

وفي سنة 2005، أسست منظمة "إنقاذ دارفور" منظمتان اهتمتا بالإبادة في السودان، هما خدمة العالم الأمريكية اليهودية، ومتحف "هولوكوست" اليهودي The Jewish Museum-Holocaust. ويتكون التحالف اليوم من أكثر من 180 جمعية، بما فيها الاتحاد الوطني لرجال الدعاة المسيحيين "افانجيليكالز"، والجمعية

[57] مصطفى نور الدين عطية، الصهيونية ودارفور، موقع مصطفى نور الدين عطين (هوامش)، 2007/7/11، انظر: http://www.haoamish.com/spip.php?article34

[58] Keith Harmon Snow, The US's War In Darfur.

[59] نداف ايل، جريدة الأيام، رام الله، 2006/6/6.

الأمريكية للتقدم الاسلامي "مسلم ادفانسمنت" American Society for Muslim Advancement. ويوجد في المكتب الرئيسي للتحالف في واشنطن ثلاثين خبيراً في السياسة والعلاقات العامة، وكانت ميزانيته في آخر سنة مالية 15 مليون دولار، وجاءت التبرعات من أفراد، وشركات عملاقة، ومنظمات خيرية، بالإضافة إلى الإعلانات. ويقدم التحالف معلومات متجددة عن دارفور إلى 700 ألف شخص داخل الولايات المتحدة، ويطلب منهم الاتصال بنوابهم في الكونجرس أو بالرئيس بوش[60].

وصعدت هذه الجماعات من جهودها من خلال تنظيمها ورعايتها للعديد من المظاهرات كان أبرزها التي نظمت في 2006/4/30، وبحسب تقديرات الإعلام الأمريكي فإن أكثر المشاركين في هذه المظاهرة كانوا يهوداً وحملوا شعارات ذات دلالة يهودية، وطالبوا فيها بنشر قوات سلام دولية في دارفور، ومن ثم فإن غاية "إسرائيل" من تدويل الأزمة ضمن أهداف أخرى إلى لفت أنظار العالم عن الصراع العربي الإسرائيلي في وقت كانت هذه المسألة تحوز اهتماماً أكبر ويجري نقاش واسع حول بناء "إسرائيل" لجدار الفصل العنصري في الضفة الغربية[61].

وقد تحدث رئيس المجلس اليهودي في الولايات المتحدة حاييم شوقال عن الأنشطة التي تقوم بها الجمعيات اليهودية في الولايات المتحدة قائلاً أنه يحق لها الاحتفال بالنصر، لأنها قادت جهود التعريف بالمذابح التي ارتكبتها الحكومة السودانية والميليشيات الموالية لها في دارفور[62].

ويشير الدكتور مصطفى عثمان إسماعيل، في دراسة أعدها عن قضية دارفور أواخر سنة 2007، إلى أن الحملة العدائية الشرسة في قضية دارفور تلفت النظر لأمرين: الأول، أن الدوائر ذاتها التي كانت تتولى أكبر حملة في حرب الجنوب السوداني واتهامات الرق والعبودية والتطهير العرقي، هي من تولى الترويج لقضية دارفور، والثاني، تدخل المجموعات اليهودية التي أضافت عنصراً جديداً وبإمكانيات ضخمة في تصعيد الحملة العدائية على السودان.

---

[60] محمد صالح، مرجع سابق.

[61] سامي عبد القوي، "الدور الإسرائيلي في دعم وتدويل أزمة دارفور،" ص 201.

[62] محمد علوش، مرجع سابق.

ويورد الدكتور مصطفى إسماعيل أمثلة على هذا التغلغل الإسرائيلي في الأزمة وتأجيجها منها:

1. تحدث حاييم كوشي، رئيس جماعة اليهود الزنوج، إلى التلفزيون الإسرائيلي في أعقاب الزيارة التي قام بها يواف بيران Yoav Biran، المدير العام لوزارة الخارجية الإسرائيلية، إلى تشاد إبان نزوح أعداد من دارفور إلى المعسكرات بتشاد، وقال: "نحمد الله على حرص دولتنا إسرائيل على التواصل مع الإخوة الأفارقة، ونأمل أن يأتي اليوم الذي ترفرف فيه نجمة داود المقدسة على هذه القارة التي نرتبط معها بكثير من السمات المشتركة على المستوى الفكري أو العقائدي اليهودي".

2. نشرت في 2004/8/13 على موقع "أبناء إفريقيا اليهودي" الذي أنشأته طائفة اليهود الزنوج التي يرأسها حاييم كوشي مقالة كتبها إيتمار إخمان، من جامعة بن جوريون، جاء فيها أن "تشاد تحولت منذ اشتعال الأزمة في دارفور إلى مركز إسرائيلي كبير تحرص إسرائيل على التواجد فيه".

3. أن أصل الحملة الشرسة في قضية دارفور بدأت في متحف الهلوكوست (المحرقة اليهودية) ممثلاً في لجنة الضمير العالمي برئاسة اليهودي المعروف بعدائه للسودان جيرى فاويل سنة 2003، عندما أصدر بياناً حول الإبادة العرقية في السودان، وأعقب ذلك الإعلان عن تدشين مناشط وندوات دعائية للترويج للحملة، ومن ثم أعلن متحف الهلوكوست أن ما يحدث في دارفور هو إبادة جماعية، ثم انطلقت الحملة في المدارس والكليات والجامعات.

4. أول ندوة حاشدة نظمها متحف الهلوكوست بواشنطن ظهر يوم 2004/2/20 كانت تحت عنوان "حريق غرب السودان: تقرير عن حالة الطوارئ في دارفور"، وأوصت بدعم مشروع المقاومة للحركات المتمردة التي تحظى بدعم عناصر من الحكومة التشادية.

5. أعلنت المنظمات اليهودية في أيلول/ سبتمبر 2005 أنها وصلت الآن إلى دارفور وتعمل وسط النازحين واللاجئين، والتمست من جميع الحضور التبرع لصالح برنامج "واشنطن دي سي تحب دارفور"، وسيّر التحالف اليهودي مظاهرة إلى البيت الأبيض خاطبها الرئيس بوش في 2006/4/28. وبلغت الحملة

ذروتها في 2006/4/30 عندما نظم تحالف إنقاذ دارفور أضخم مسيرة شملت بالإضافة إلى العاصمة واشنطن 17 مدينة أخرى[63].

تتشابك المخططات الأمريكية والإسرائيلية في دارفور، والهادفة إلى إقامة دولة منفصلة في غرب السودان، تخضع لقبيلة الزغاوي التي تقود حركة التمرد في الإقليم، إلى جانب إنشاء قاعدة عسكرية متقدمة ومزودة بأحدث الوسائل التكنولوجية تحت إشراف أمريكي - بريطاني - إسرائيلي مشترك، يكون الهدف منها هو التحكم في الأوضاع الأمنية والسيطرة على التفاعلات السياسية في كل من مصر والسودان وليبيا والدول الإفريقية والبحر الأحمر، كما تهدف أيضاً إلى حماية خط أنابيب نفط، تجري الولايات المتحدة اتصالات لإنشائه، وهو خط يمتد من العراق ودول الخليج إلى البحر الأحمر فإقليم دارفور ثم يمر عبر ليبيا والمغرب وصولاً إلى المحيط الأطلنطي.

وتأتي هذه الخطوة في سياق تنفيذ توصيات التقرير الاستراتيجي الذي أقره الكونجرس سنة 2004 عن السودان، والذي أوصى بجعل السودان قاعدة الانطلاق للاستراتيجية الأمريكية الجديدة في القارة السوداء، ولتحقيق ذلك، فإن هناك تنسيقاً كاملاً بين المخابرات الأمريكية والموساد الإسرائيلي ومتمردي دارفور بهدف زعزعة الاستقرار في الإقليم ونشر الفوضى في السودان، من أجل دفع الشعب السوداني إلى مغادرة أراضيه ليقال إن الحرب الأهلية أدت إلى بثّ الرعب والخوف في صفوفه، وبهدف اكتساب تعاطف المجتمع الدولي مع قرار نشر قوات دولية في الإقليم، لتكون مركزاً للانطلاق منه إلى السيطرة على منطقة القرن الإفريقي، بالنظر إلى الخطط الأمريكية المتعلقة بتوسيع نفوذها في إفريقيا استراتيجياً والسيطرة على مناطق النفط الجديدة هناك[64].

---

[63] محمد عرفة، مرجع سابق.

[64] أحمد الشيمي، مرجع سابق.

الخلاصة:

أسفرت الحملات التي تقوم بها المنظمات اليهودية الموالية لـ"إسرائيل" عن تسليط الأضواء على قضية دارفور التي باتت محل بحث ونقاش شبه متواصل على مائدة مجلس الأمن الدولي على امتداد السنوات الماضية، وصدر بصددها 12 قراراً دولياً، مما يعني أن البحث انتقل من مجرد حفظ السلام في دارفور إلى تدويل الأزمة في مرحلة تالية بوجود قوات دولية لتقوم بهذه المهمة، وهو جوهر ومضمون القرار 1706 الصادر عن مجلس الأمن الدولي، ثم فصل دارفور عن السودان وإقامة كيان مستقل في مرحلة ثالثة وهو ما تطالب به الحركات الانفصالية على غرار حركة العدل والمساواة التي تتمتع بعلاقات قوية مع "إسرائيل" وحصلت على دعم عسكري واسع منها عبر إريتريا وأوغندا وأثيوبيا.

الفصل الخامس

تداعيات السياسة الخارجية الإسرائيلية
تجاه إفريقيا
على الأمن القومي العربيٍ
(السودان ومصر تحديداً)

تداعيات السياسة الخارجية الإسرائيلية تجاه إفريقيا على الأمن القومي العربي (السـودان ومصـر تحـديـداً)

المقدمة:

لا شكّ أن التغلغل الإسرائيلي في إفريقيا عامة والسودان خاصة له تداعيات متعددة على الأمن القومي العربي والسوداني، فالتحرك الإسرائيلي في الدول الإفريقية المحيطة بالدول العربية عبر نظريتي حلف المحيط وشدّ الأطراف تعني في المقام الأول أن "إسرائيل" تقوم بتنفيذ سياسات تهدف إلى زعزعة الاستقرار في المجتمعات العربية وخلخلة الأمن فيها وإشغالها بقضايا الخلاف الداخلية على أرضية الدين والقومية والإثنية.

اتبعت "إسرائيل" نهجاً يعتمد على توثيق العلاقات مع الدول المحيطة بالدول العربية، ويتضح ذلك في العلاقات المتينة معها على جميع الصعد خاصة في مجال التعاون العسكري والأمني والذي يتخذ غطاء له تحت مسمى العلاقات التجارية والاقتصادية. فبالتوازي مع الخبرات التي تقدمها "إسرائيل" لهذه الدول، فإنها حصلت على موطئ قدم لها في قواعد عسكرية تشرف على الدول العربية، كانت وما زالت بمثابة رأس حربة متقدم يزعزع الأمن فيها ويجعلها مدخلاً لإيواء أي بوادر قلاقل داخلية. بل إنها بادرت إلى إيقاظ النعرات الإثنية والطائفية كما يتضح في تحريكها ودعمها للحركة الانفصالية في جنوب السودان ودخولها على أزمة دارفور وتوظيف الصراع فيها لتحقيق مكاسب سياسية.

التحرك الإسرائيلي في الدول المحيطة بالدول العربية يمثل تهديداً واضحاً للأمن القومي العربي عامة والسوداني بشكل خاص، فهي باتت تمتلك القدرة على تهديد الأمن المائي العربي والملاحة العربية في البحر الأحمر، إذ أن العلاقات القوية التي أقامتها مع إريتريا أعطتها موقعاً متقدماً في البحر الأحمر يراقب حركة الملاحة ويشكل وقاية لها من أي تهديد مستقبلي لأمنها واستقرارها.

أولاً: على صعيد الأمن القومي العربي:

يشكل دعم "إسرائيل" غير المتوقف للحركة الانفصالية في جنوب السودان خطوة أخرى على طريق إضعاف العالم العربي في مجابهته مع "إسرائيل"، ويعدّ إضعاف السودان جزءاً من استراتيجية قضم القدرات وبعثرتها لمنعها من التركيز والاحتشاد في مواقع الصراع مع "إسرائيل". ومثلما كان العراق عمقاً استراتيجياً بالنسبة لدول المواجهة في الشرق وجزءاً من الجبهة الشرقية، فقد كان السودان يمثل عمقاً استراتيجياً لمصر، ومن هنا فإن دعم "إسرائيل" للحركات الانفصالية في أي دولة عربية يمثل مساً صارخاً بالأمن القومي العربي.

وتعد محاولة السيطرة على البحر الأحمر من أهم الأهداف الاستراتيجية لـ"إسرائيل" في القارة الإفريقية والتي بدأت سنة 1949 بعد تأسيس الوجود الإسرائيلي في خليج العقبة، وبهدف الاتصال مع العالم الخارجي عن طريق البحر الأحمر، ولتحقيق هذا الهدف بدأت "إسرائيل" بتأسيس وجود لها على البحر الأحمر بغية استخدامه لتحقيق مصالحها العسكرية والاقتصادية والسياسية. وكانت الخطة التالية هي السيطرة على البحر الأحمر ذاته، فبدأت باحتلال الأراضي العربية في الجزء الشمالي، واحتلال الجزر الواقعة في الجزء الجنوبي من المنطقة حتى تمنع العرب من تحويل البحر الأحمر إلى بحيرة عربية الأمر الذي يشكل تهديداً للأمن القومي العربي.

ولتحقيق هذا الهدف، وثقت "إسرائيل" علاقاتها مع أثيوبيا منذ نهاية الستينيات، وإريتريا بعد استقلالها عن أثيوبيا سنة 1991، وبنت قواعد في أثيوبيا بعد زيارة موشيه ديان لها سنة 1965. وإضافة إلى قواعدها العسكرية في الجزر الإريترية، وبخاصة قرب باب المندب، شيدت "إسرائيل" بموافقة أثيوبيا قاعدتين عسكريتين قرب الحدود بين إريتريا والسودان، واستغلت إريتريا اقتصادياً عن طريق شركاتها أنكودي Ancodi للحوم، وسيا Sia للمنتجات الزراعية، وعميران للتجارة، وسوليل بونيه للبناء والأشغال العامة، وآتا Ata المحدودة للمشروعات الزراعية، وشركة أخوان أرون Aron للواردات والصادرات، واتحاد العمال الوطني الهستدروت للتجارة والصناعة[1].

[1] أحمد الشيمي، نوايا إسرائيلية أمريكية لضرب الأمن القومي العربي.

ويوفر توسيع الوجود العسكري الإسرائيلي وترسيخه في منطقة البحر الأحمر لـ"إسرائيل" إمكانات الهجوم المباشر على العرب في باب المندب، ويتيح لها عمق استراتيجي فيه لترصد أي نشاط عسكري عربي في المنطقة. وتلعب العلاقات الاقتصادية بين "إسرائيل" وإفريقيا حجر الزاوية في تدعيم الوجود العسكري والأمني الإسرائيلي في المواقع الحساسة على البحر الأحمر بما يهدد الأمن القومي العربي ويجعل العمق العربي مستباحاً أمام "إسرائيل".

تكمن خطورة التواجد الإسرائيلي العسكري والأمني أيضاً في بعض جزر البحر الأحمر قرب باب المندب في أن القوات الإسرائيلية المتواجدة في هذه الجزر يمكن أن تغلق باب المندب أمام الملاحة العربية بدلاً من إغلاق العرب لهذا المنفذ كما حصل سنة 1973، ومن ثم تهديد الدول العربية التي لها سواحل على البحر الأحمر.

إن سيطرة "إسرائيل" على هذه الجزر وإقامة قواعد عسكرية عليها سيسهل عليها في حالة الحرب الاستيلاء على ميناء بور سودان السوداني، وضرب القواعد الجوية المصرية المنتشرة بالقرب من هذه المنطقة، بل وضرب السد العالي في جنوب مصر، وهو ما هدد به صراحة زعيم حزب "إسرائيل بيتنا" Yisrael Beitenu أفيجدور ليبرمان Avigdor Lieberman أكثر من مرة.

لـ"إسرائيل" قواعد عسكرية واستخبارية للتجسس والرصد في عدد من الجزر الإريترية، منها دهلك وحالب وفاطمة التي تقع على المدخل الجنوبي للبحر الأحمر بالإضافة إلى جزيرة زفير التي تبعد عن اليمن 22 كم فقط ويوجد فيها شبكة اتصالات وأجهزة رادار. كما يشمل الوجود الإسرائيلي في هذه الجزر قوات خاصة ووحدات مظليين وقوات محمولة جواً ومجهزة بالمروحيات الحديثة وغواصات من طراز دولفين. وتهدد "إسرائيل" عبر هذه القواعد الأمن القومي لكل من السعودية واليمن والسودان، حيث يمكنها المراقبة والتجسس على هذه الدول بسلاسة.

وخلال زيارته لـ"إسرائيل" سنة 1996، وقّع الرئيس الإريتري أسياس أفورقي اتفاقية لتعزيز التعاون الأمني والعسكري تضمن في أحد بنودها تعهداً إسرائيلياً لإريتريا بدعمها لمواجهة أية محاولات لأية قوة للسيطرة على جزرها الاستراتيجية الواقعة عند المدخل الجنوبي للبحر الأحمر، والسماح بوجود عسكري محدود في هذه الجزر للرصد والمراقبة، والتدخل العسكري السريع في حالة حدوث تطورات تتطلب

تدخل "إسرائيل" لحماية مصالحها العليا، بما يعني أن هذه الجزر تمثل مواقع متقدمة لـ"إسرائيل" تهدد العمق العربي والأمن القومي لدول البحر الأحمر[2].

يمثل الوجود الإسرائيلي في القرن الإفريقي والجزر الواقعة عند المدخل الجنوبي للبحر الأحمر، الذي يعد مفتاح الأمن القومي العربي، تهديداً خطيراً للمصالح الاستراتيجية والأمنية والتجارية للدول العربية والإفريقية، حيث يتيح ذلك لـ"إسرائيل" إمكانية التجسس على الدول العربية الواقعة في المنطقة (السعودية، واليمن، والصومال، وجيبوتي، والسودان، ومصر) بالإضافة إلى تأمين تجارتها، بل وإمكانية القيام بدور الوسيط أو الوكيل الذي يتولى تسويق صادرات البحر الأحمر الإفريقية.

أكد الهجوم الإسرائيلي على قافلة شاحنات في الأراضي السودانية، ادعت أوساط إسرائيلية أنها تحمل سلاحاً إلى الفلسطينيين في غزة مطلع سنة 2009 كانت في طريقها إلى ميناء بور سودان، بجانب استيلاء البحرية الإسرائيلية في عمق البحر الأحمر على سفينة "كارين ايه Karine A" في تشرين الأول/ أكتوبر 2001 بزعم أنها تحمل سلاحاً أيضاً للفلسطينيين، مدى التهديد الخطير الذي يمثله الوجود الإسرائيلي في الدول الإفريقية المطلة على البحر الأحمر على الأمن القومي العربي خاصة السودان ومصر.

تستهدف الاستراتيجية العسكرية لـ"إسرائيل" تهديد أمن الدول العربية خاصة المعتمدة على مياه نهر النيل، من خلال تكثيف الوجود العسكري في دول المنبع عن طريق الخبراء العسكريين وصفقات الأسلحة وإثارة مشاكل الحدود وتحريض الأقليات في الدول الإفريقية خاصة المجاورة لدول عربية ومنها الحركة الانفصالية في جنوب السودان.

وقد ركزت "إسرائيل" على توسيع الهوّة بين الجانبين العربي والإفريقي، باعتبار الأخير هو العمق الاستراتيجي للدول العربية، وأن السيطرة عليه تعني ببساطة تهديد الأمن القومي العربي ككل. ونجحت "إسرائيل" بفضل سيطرتها على الاقتصاد والإعلام في تشويه صورة العرب لدى الشعوب الإفريقية، وتصويرهم كمتطرفين دينيين يسعون إلى مساندة الدول التي قد تكون مسلمة أو بها أقلية مسلمة، مستغلين في ذلك ضمّ بعض الدول الإفريقية إلى جامعة الدول العربية مثل جيبوتي وجزر القمر وموريتانيا والصومال، والمحاولات الجادة من قبل الجامعة العربية في ضمّ إريتريا

---

[2] سامي عبد القوي، "نظام أسياسى أفورقي وتطور العلاقة مع إسرائيل،" ص 72.

إلى دائرة الجامعة، وهو ما أثار حفيظة "إسرائيل" لأنه بانضمام إريتريا يصبح البحر الأحمر بحيرة عربية خالصة.

وجدت "إسرائيل" منفذاً آخر يهدد الأمن القومي العربي من خلال استغلال الصراع الداخلي في دول أخرى غير السودان، فهي استغلت صراع الفرقاء الصوماليين لتخترق الصومال متحركة تحت غطاء إنساني، فأقامت مراكز عديدة فيه أشرف عليها صندوق إغاثة الصومال، وهو صندوق تدعمه وزارة الخارجية الأمريكية والمنظمة الصهيونية العالمية والمؤتمر اليهودي. وقد تمّ تأهيل المراكز بخبراء إسرائيليين وصلوا الصومال أواخر سنة 1992، وبلغ عددهم 250 شخصاً، وحاولت "إسرائيل" نسج علاقات مع قادة الفصائل الصومالية ولوحت بمساعدات عسكرية واقتصادية وصحية مباشرة من خلال مشاركتها لتنسيق المساعدات الإنسانية للصومال في أديس أبابا في كانون الأول/ ديسمبر 1992، وهذا يعدّ اختراقاً إسرائيلياً جديداً لمنطقة عربية في إفريقيا يسهم في توفير غطاء لمزيد من العبث الإسرائيلي بالأمن القومي العربي[3].

وعن علاقات "إسرائيل" بالصومال، كشف الخبير الاستراتيجي المصري حسين حمودة أنه في آب/ أغسطس 2007، قام رجل أعمال إسرائيلي مقيم في أثيوبيا بدور الوسيط لتشجيع التبادل التجاري الإسرائيلي مع "جمهورية أرض الصومال"، أحد الأقاليم الصومالية التي انفصلت عن الحكومة المركزية سنة 1991 وغير معترف بها دولياً، وذلك في سياق مساعي "إسرائيل" لتأجير ميناء "بربرة الصومالي" أو على الأقل الفوز بتعهد "جمهورية أرض الصومال" بتقديم التسهيلات اللازمة لاستخدام ذلك الميناء لأغراض تجارية كما هو معلن وربما لأغراض أخرى تهم "إسرائيل"[4].

ثانياً: على صعيد الأمن القومي المصري والسوداني:

التقديرات الإسرائيلية منذ بداية استقلال السودان أشارت أنه لا يجب أن يسمح لهذا البلد على الرغم من بعده عن "إسرائيل"، أن يصبح قوة مضافة إلى قوة العالم العربي لأن موارده إن استثمرت في ظلّ أوضاع مستقرة ستجعل منه قوة يحسب لها

---

[3] قناة الجزيرة الفضائية، مرجع سابق.

[4] رفعت سيد أحمد، جريدة الاستقلال، فلسطين، 2009/3/12.

ألف حساب. وفي ضوء هذه التقديرات كان على "إسرائيل" أو الجهات ذات العلاقة أو الاختصاص أن تتجه إلى هذه الساحة وتعمل على مفاقمة الأزمات وإنتاج أزمات جديدة حتى يكون حاصل هذه الأزمات معضلات يصعب معالجتها فيما بعد.

ويشكل السودان بموقعه الجغرافي وعلاقاته التاريخية مع مصر عمقاً استراتيجياً لها، وقد تجسد هذا المعطى بعد حرب سنة 1967، عندما تحول السودان إلى قواعد تدريب وإيواء لسلاح الجو المصري وللقوات البرية، هو وليبيا، كما أن السودان أرسل قوات إلى منطقة القناة في أثناء حرب الاستنزاف التي شنتها مصر (1968-1970)، وفي حرب تشرين الأول/ أكتوبر سنة 1973، وفي ضوء ذلك كان لا بدّ أن تعمل "إسرائيل" على إضعاف السودان وانتزاع قدرته على بناء دولة قوية موحدة على الرغم من أنها تعج بالتعددية الإثنية والطائفية، لأن هذا من المنظور الاستراتيجي الإسرائيلي ضرورة من ضرورات دعم وتعظيم الأمن القومي الإسرائيلي[5].

وفي ظلّ المعطيات الناشئة بعد اتفاق الحكومة السودانية والحركة الانفصالية في جنوب السودان، الذي وضع حداً لحرب امتدت أربعين عاماً، وإمكانية تدويل منطقة غرب السودان وانفصال دارفور وبالتالي تفتيت السودان وتشتته إلى كيانات منفصلة، فذلك يعني خروج السودان من الحظيرة العربية وطمس هويته العربية الإسلامية، الأمر الذي يشكل أكبر مصدر للخطر على الأمن القومي العربي، ابتداءً بمصر، لأنه من السودان تحديداً يمكن التأثير على مياه النيل وليس من أثيوبيا، التي حاولت على مدى أربعين إلى خمسين سنة الحديث عن إمكانيات التأثير على مياه النيل ولم تستطع[6].

ينبع مجرى النيل من أحواضه في أوغندا وأثيوبيا، إلا أنه يمر في أطول أجزائه داخل الأرض السودانية، وعلى الرغم من أن السودان لا يملك التحكم في مناسيب المياه المتدفقة في هذا المجرى، فإن حجم استثماره واستهلاكه لهذه المياه يشكل جزءاً من المعادلة المصرية من مياه النيل. وقد تنبهت مصر لذلك مبكراً فوقعت اتفاقية مياه النيل الأولى سنة 1929 ثم عدلتها سنة 1959. وفي حال تفتت السودان إلى أكثر من كيان فإن خللاً سيصيب هذه الاتفاقيات، والتواجد الإسرائيلي في بعض هذه الكيانات يعني أن "إسرائيل" باتت تمتلك ورقة ضغط على مصر والسودان يهدد أمنهما المائي بعدما أفشلت الحرب في الجنوب

[5] هانئ رسلان، مرجع سابق.

[6] قناة الجزيرة الفضائية، مرجع سابق.

مشروع قناة جونقلي التي تضمن حفر قناة في منطقة أعالي النيل لنقل المياه إلى مجرى جديد بين جونقلي وملكال لتخزين خمسة ملايين م³ من المياه سنوياً، وكان من المفترض أن يسهم المشروع في إنعاش منطقة الشمال والاقتصاد المصري.

وعدا عن المياه، فإن العمق الاستراتيجي الأرضي والفضائي والبشري من عناصر الأمن القومي المشترك بين مصر والسودان، والانفصال معناه تحويل جزء من امتداد الأمن القومي المصري بعيداً عن السيطرة المصرية، بما يعنيه ذلك من فتح الباب لسيطرة وتدخل "إسرائيل" أو حتى دول أخرى مجاورة معادية للمصالح المصرية، بحجة تقديم المساعدة للدولة الجديدة[7].

تهدف "إسرائيل" من وراء تقسيم السودان إلى السيطرة عليه بصورة مباشرة أو غير مباشرة، والتحكم بموارده الطبيعية وزيادة ضغطها على مصر وحرمانها من عمق استراتيجي مهم لها، حيث ترى "إسرائيل"، على الرغم من توقيع مصر اتفاقية سلام معها، أنها الأقدر على مواجهتها من بين الدول العربية سياسياً واقتصادياً وعسكرياً.

الدولة المفترضة في جنوب السودان لن تشكل تهديداً مباشراً للأمن القومي المصري من زاوية تمديد النفوذ الإسرائيلي في المنطقة، فالنفوذ الإسرائيلي متوفر في دول حوض النيل الأخرى خاصة أوغندا وإريتريا، ولم يثبت أنه أقلق المصالح المصرية بصورة مباشرة. ومع ذلك، فإن خطورة النفوذ الإسرائيلي في جنوب السودان تكمن في قلب معادلة توجه الشمال السوداني نحو مصر في مقابل التوجه الجنوب السوداني نحو إفريقيا، إذ ستتأثر بصورة واضحة إذا انفصل الجنوب[8]، وستحظى الاستراتيجية الإسرائيلية في المنطقة بنفوذ غير مباشر في شمال السودان بحكم الروابط العضوية بينه وبين الدولة الوليدة في جنوبه[9].

إن عدم الاستقرار السياسي في السودان ستكون له آثار اقتصادية وسياسية سيئة على مصر، ففي حالة استمرار المطالب الانفصالية وفق الأبعاد العرقية والدينية التي تميز السودان، فإنه سيترتب على ذلك حدوث نزوح جماعي للاجئين الفارين من

---

[7] محمد عرفة، مرجع سابق.

[8] ملاحظة: قرر أهل جنوب السودان الانفصال في الاستفتاء الذي يتم تنظيمه في 2011/1/9، وتمّ الإعلان عن دولة جنوب السودان كدولة مستقلة منفصلة عن شماله في 2011/7/9.

[9] عثمان ميرغني، مرجع سابق.

الحرب تجاه دول الجوار، ومن بينها مصر، والذين سيشكلون عبئاً على مصر سواء في النواحي الاقتصادية، أو حتى الأمنية، لأن هؤلاء اللاجئين قد يهربون ومعهم السلاح، وقد يفكرون في استخدام الأراضي المصرية في شنّ هجوم مضاد داخل الأراضي السودانية، كما أن بعضهم قد يفكر في التغلغل داخل الأراضي المصرية لحساب دول أخرى تهتم بزعزعة الأمن القومي المصري، خاصة في ظلّ الدور الإسرائيلي في أحداث أزمة جنوب السودان وأزمة دارفور ووجود علاقات إسرائيلية سواء مع الحركة الانفصالية في جنوب السودان أو في دارفور غرب السودان مثل حركة تحرير السودان جناح عبد الواحد نور[10].

عدا عن الاهتمام بالثروات الغنية في السودان فإن "إسرائيل" ترغب في تطويق مصر من الجنوب وتقليص الدور المصري إلى أقصى حدّ ممكن، بحيث تبقى مصر منكفئة على نفسها لا تلعب أي دور في محيطها الإقليمي، وهو ما تشارك الولايات المتحدة به "إسرائيل"، بحيث يمكن السيطرة على توجهاتها السياسية ليس فقط الخارجية بل الداخلية أيضاً وسهولة الضغط عليها للقبول بمواقف لا تقبلها. وهنا تبدو خطورة ما تفعله "إسرائيل" في السودان وتحديداً في دارفور ومن ثم في الشمال فهو يقترن بخطة أمريكية في السودان للإسرائيليين دور فيها وتحديداً دارفور، تماماً كما فعل الإسرائيليون في جنوب السودان منذ منتصف الخمسينيات[11].

لقد أظهرت القاهرة رسمياً قلقاً واضحاً، ليس فقط من أن يؤول الأمر في نهاية المطاف إلى استقلال الجنوب كدولة منفصلة، ولكن القلق أيضاً مما قد يترتب على هذا الانفصال من مخاطر تضرّ الأمن القومي المصري والعربي عموماً، وتهدد استقرار القارة الإفريقية عموماً، لذلك حذر الدكتور أسامة الباز، مستشار الرئيس المصري السابق حسني مبارك للشؤون السياسية، من "أن تقسيم السودان يمكن أن يؤدي إلى تقسيم الدول المجاورة"، مشيراً إلى أن السماح بتجزئة بلد كالسودان إلى جزأين سيكون "ظاهرة معدية" قد تمتد إلى دول أخرى مجاورة على أساس قبلي ولغوي وديني، الأمر

[10] بدر حسن شافعي، أزمة السودان والأمن القومي المصري، الجزيرة.نت، 2008/5/29، انظر:
http://www.aljazeera.net/NR/exeres/448EECB5-F2DB-4C14-A3E4-EB09907214D1.htm

[11] عبد القادر شهيب، **المصور**، 2007/11/16.

الذي يؤدي إلى إيجاد حالة كبيرة جداً من عدم الاستقرار والفوضى في المنطقة، نحن نخشى من تقسيم دول مثل أثيوبيا أو كينيا أو أوغندا[12].

لا يقتصر تهديد الأمن القومي المصري والسوداني في جانب الماء، بل يمتد إلى الثروات الأخرى خاصة النفط الذي تزخر به مناطق جنوب وغرب السودان. فـ"إسرائيل" تسعى لاتخاذ موطئ قدم لها فيه بما يضمن لها الاستفادة من هذا المخزون الاستراتيجي. وفي هذا السياق، كشفت دراسة وضعها أليعازر أدلشتاين Eliezer Edelstein، أستاذ العلوم السياسية في جامعة بار إيلان الإسرائيلية والمتخصص في الشؤون العسكرية والإسرائيلية، بعنوان "الأسلحة الإسرائيلية في العالم"، صدرت في أواخر تموز/ يوليو 2002، عن قيام "إسرائيل" وعن طريق الموساد بالاتفاق مع حركة قرنق على بيع عدد من الأسلحة والأجهزة العسكرية المتطورة لها مقابل حقّ التنقيب عن البترول. وحسب الدراسة فقد قام العميد شاؤول دهان، سكرتير عام وزارة الدفاع الإسرائيلية، بالاتفاق مع حركة التمرد في تشرين الأول/ أكتوبر 2001 على بيع الأسلحة والأجهزة العسكرية المتطورة مقابل السماح لشركتي ميدير ونيفت، وهي شركات إسرائيلية صينية مشتركة، بالتنقيب عن البترول في مناطق الرنك وبيبور والتونج وأكوبو بجنوب السودان وهي المناطق التي تخرج أنقى أنواع البترول وأكثرها جودة في العالم[13].

تبدت الأطماع الإسرائيلية في الثروات السودانية في وقت مبكر، فقد استثمرت "إسرائيل" مشاريع كبيرة في أثيوبيا واستطاعت السيطرة في نهاية سنة 1964 على أكبر شركة زراعية في إريتريا، وهي شركة سيا الإيطالية سابقاً. وتمكنت من شراء المشروع عن طريق الحكومة الأثيوبية الذي بلغت مساحته خمسين فداناً، وهو يقع بالقرب من الحدود السودانية وله ترعة رئيسية تسحب مياهها من نهر القاش، كما يتبع هذا المشروع محلج للقطن وإدارة مركزية لمياه الشرب، وهو يزرع قطناً ثم يصدر إلى "إسرائيل" بسعر منخفض لاستخدامه في مشاريع صناعية إسرائيلية. وهذا المشروع شكل خطراً على عدة مشاريع زراعية سودانية تعتمد على نهر القاش الذي يربط بين

---

[12] محمد عرفة، مرجع سابق.

[13] محمود أبو العينين وآخرون، التقرير الاستراتيجي الإفريقي 2001-2002م، ص 355.

إريتريا ومنطقة كسلا السودانية، فـ"إسرائيل" تحاول من خلال ربط اقتصاد أثيوبيا وإريتريا باقتصادها ليس التغلغل في هذه الدول فحسب بل إنها تحاول ضرب الاقتصاد العربي كالسودان[14].

وقد اتضح استمرار الجهد الإسرائيلي لاستنزاف القدرات الزراعية السودانية في منح الحكومة الأثيوبية شركة الزهرة الإسرائيلية أرضاً مساحتها خمسة آلاف فدان داخل الأراضي السودانية لزراعتها بالمحاصيل المختلفة، وتعمل شركة الزهرة الإسرائيلية للاستثمار الزراعي على استغلال وجودها داخل الأراضي السودانية للعمل في تهريب المنتجات الزراعية السودانية من السمسم والذرة عبر ثلاث شركات أثيوبية في مناطق الحمرة وهي: شركة متن وشركة علي عبدو وشركة اتبارك زفيا. وتتم عمليات التهريب من خلال التنسيق مع أحد يهود الفلاشا وهو ملس زيتو أبتوني في منطقة دللو بجانب آخرين على رأسهم يوهانس قرماي وكندر ونوباتها، وتسببت شركة الزهرة الإسرائيلية في مشاكل عديدة داخل الأراضي السودانية ومنها الإسهام في ارتفاع أسعار المحاصيل الزراعية[15].

إن تحقيق انفصال الجنوب وقيام دولة مسيحية مستقبلاً، سيشكل إحدى حلقات استكمال الحزام الأمني الاستراتيجي الذي تسعى الولايات المتحدة بالتعاون مع "إسرائيل" إلى تكوينه وسط القارة الإفريقية، بحيث يشكل الجنوب السوداني مع أثيوبيا وإريتريا مثلثاً استراتيجياً لمقاومة النفوذ العربي والمد الإسلامي في شرق القارة، وبعدها تبدأ عملية الاندماج بين هذا المثلث مع المحور القائم في وسط القارة والذي يشمل أوغندا والكونغو الديموقراطية وبورندي لكي يستكمل حلقاته في الغرب مع غانا والسنغال الأمر الذي يضيف تحديات جديدة أمام منظومة الأمن القومي العربي خاصة لمصر والسودان[16].

من جهة أخرى ترى "إسرائيل" أن قيام دولة مستقلة جنوب السودان موالية لها سيتيح الفرصة أمامها لتطويق السودان، وبالتالي الضغط على مصر من الجنوب.

---

14 أ منصور، "العلاقات الاقتصادية بين إسرائيل وإفريقيا،" مجلة **شؤون فلسطينية**، بيروت، 1974، العدد 29، ص 79-104.

15 **الوطن**، أبها، 2008/5/9.

16 علاء سالم، "أثيوبيا: الوضعية الجيوسياسية وتحديات الحقبة الجدية،" الدار العربية للدراسات والنشر والترجمة، القاهرة، 1998، ص 55.

وسلخ الجنوب يمثل أحد مراحل الاستراتيجية الإسرائيلية في إضعاف الدول العربية وتفتيت وحدتها وتمكين القوى غير العربية من دول وجماعات لضمان تقاسمها المزايا الاستراتيجية الكامنة في خطوط المواصلات والممرات البحرية والمجالات الجوية وصولاً للسيطرة على أهم العُقَد والمضايق فيها.

يجب عدم إغفال الموقع الاستراتيجي للسودان في قربه من منطقة القرن الإفريقي التي تمثل أهمية حيوية للتحكم في الملاحة في البحر الأحمر، حيث تمر به نسبة كبيرة من تجارة العالم وناقلات النفط القادمة من الخليج إلى أوروبا وأمريكا. كما يمثل البحر الأحمر عمقاً حيوياً لـ"إسرائيل" حيث يطل السودان عليه. وأمن "إسرائيل" يعد من أولويات السياسة الأمريكية وأهدافها الاستراتيجية، ويعد السودان كذلك مدخل مهم إلى منطقة البحيرات العظمى، حيث قامت أمريكا بمحاولة ترتيب الأوضاع بما يخدم مصالحها. وتلعب "إسرائيل" دوراً مهماً في تنفيذ الاستراتيجية الأمريكية التي تمس الأمن القومي السوداني بزعزعة استقراره ليخضع لهذه الاستراتيجية، وهو ما يتبدى واضحاً في التدخل الإسرائيلي الواضح في جنوب وغرب السودان بدعم ورعاية أمريكية.

الخاتمة

الاستنتاجات والتوصيات

الاستنتاجات والتوصيات

أولاً: الاستنتاجات:

- من خلال استعراض السياسة الخارجية الإسرائيلية تجاه إفريقيا وإسقاط نموذج السودان عليها، يتضح أن أنماط هذه السياسة ارتبطت بتطورات الصراع العربي الإسرائيلي وتغييرات النظام الدولي، وباستراتيجية استطاعت "إسرائيل" من خلالها تجاوز العقبات التي وقفت أمام استمرار علاقاتها مع إفريقيا، ولعبت في هذا السياق على وتر تمايز الأعراق والأديان والإثنيات لاقتحام المجتمعات الإفريقية وتوظيف هذه التناقضات لخدمة مصالحها وأمنها.

- استطاعت "إسرائيل" من خلال تواجدها في إفريقيا أن تشغل الدول العربية داخلياً عن قضاياها القومية ليس من زاوية ساحة الصراع العربي الإسرائيلي فقط، بل من باب التنمية بكافة أشكالها. ونموذج السودان، الذي انشغل في حرب على امتداد عدة عقود كان لـ"إسرائيل" دور مركزي في إشعال لهيبها من خلال دعمها المتواصل للحركة الانفصالية بقيادة قرنق، مؤشر واضح على ذلك.

- بعد توقف حرب الجنوب انتقلت "إسرائيل" الى غرب السودان في دارفور لتتبنى هذه القضية وتجعلها في مركز اهتمامها، فاستقبلت لاجئين من دارفور ودفعت اللوبي اليهودي في الولايات المتحدة لإثارة الموضوع والضغط على الإدارة الأمريكية لتدويل القضية، وكانت تصريحات المسؤولين الإسرائيليين واضحة في دلالاتها في هذا الاتجاه، فيما كان قرار المحكمة الجنائية الدولية باعتقال الرئيس السوداني عمر البشير ومحاكمته بتهمة ارتكاب جرائم حرب في دارفور، نتيجة متوقعة في ضوء الجهد غير المتوقف لمؤسسات ترتبط بـ"إسرائيل" في تركيز الضوء على قضية دارفور، وهو تركيز يرتبط بشكل أساسي باكتشافات النفط والثروات الأخرى في هذا الإقليم.

- على الرغم من البعد الجغرافي بين السودان و"إسرائيل"، إلا أن الأخيرة أدركت باكراً أن السودان يشكل عمقاً استراتيجياً لمصر، التي تعدّ أهم دول المواجهة مع "إسرائيل" في الصراع العربي الإسرائيلي قبل توقيعها على اتفاق سلام معها

سنة 1978. ومن هنا، حرصت "إسرائيل" على المس بالأمن القومي المصري من خلال المس بالسودان وكذلك التأثير على مجرى نهر النيل من خلال علاقتها المتينة مع أثيوبيا التي ينبع منها 85% من مصادر نهر النيل.

- كانت مرحلة التراجع في العلاقات الإفريقية الإسرائيلية وقطع حوالي 32 دولة لعلاقاتها مع "إسرائيل"، وعودة هذه العلاقات والهرولة الإفريقية نحوها مع بدء عملية السلام مطلع التسعينيات من القرن الماضي، بحيث باتت 45 دولة على علاقة مع "إسرائيل" بمستويات مختلفة، دليلاً على ارتباط العلاقات الإسرائيلية الإفريقية بالصراع العربي الإسرائيلي.

- ما يلاحظ أن انصباب الاهتمام الإسرائيلي تجاه إفريقيا ارتبط بمرحلة تحرر الدول الإفريقية من الاستعمار، وتشكل كتلة تصويتية لها ذات وزن كبير في الأمم المتحدة، وانتظام تكتل دول عدم الانحياز الذي انطلق في باندونج سنة 1995. فانطلقت "إسرائيل" لإيجاد مواطئ قدم لها في الدول الإفريقية، واستطاعت في عقد الخمسينيات والستينيات إقامة شبكة واسعة من العلاقات مع 32 دولة إفريقية شملت منظومة واسعة من العلاقات الاقتصادية والأمنية.

- لقد ارتبطت العلاقات الإسرائيلية الإفريقية بالعلاقات العربية الإفريقية، بحيث تحولت إفريقيا إلى ساحة للتنافس بين العرب و"إسرائيل"، إلا أن الأخيرة استطاعت أن تخترق إفريقيا من خلال الخبرات والتجارب التي قدمتها لإفريقيا في مجال الزراعة، حيث تعتمد 85% من هذه الدول على الزراعة، وتقديم خبراتها في الإنشاء والبناء بعد تحرر الدول الإفريقية، وبناء اقتصادها وجيوشها، حيث لوحظ الحجم الكبير للتواجد الإسرائيلي في المؤسسات العسكرية، وهو ما يفسر وقوف "إسرائيل" وراء بعض الانقلابات العسكرية، ومنها انقلاب رئيس أركان الجيش الأوغندي عيدي أمين على نظام حكم بولو ميلتون أوبوتي Apollo Milton Obote.

- أسهمت علاقات الدول المستعمرة لإفريقيا الجيدة مع "إسرائيل" في تهيئة المناخ والظروف المناسبة للتغلغل الإسرائيلي في الدول الإفريقية، بجانب تقديم الدعم لها وتشرب القيادات الإفريقية للتراث الحضاري الغربي والنظر إليه على أنه يمثل نموذجاً تسعى تلك القيادات للاحتذاء به. و"إسرائيل" التي صورت نفسها ضمن هذا التراث استطاعت أن تستجلب إليها آلاف الإفريقيين للتعلم في جامعاتها ومعاهدها

والتأثر بالنموذج الإسرائيلي. وقد عاد هؤلاء إلى بلادهم ليكونوا جسراً للانتشار في جميع المؤسسات وتحقيق مصالحها.

- في دعايتها أمام الدول الإفريقية روجت "إسرائيل" نفسها كنصيرة للشعوب الإفريقية المضطهدة، وتماثل تجربتهم مع اضطهاد اليهود وتحررهم لكسب قلوب الإفريقيين وإيجاد مدخل أيديولوجي للنفاذ إلى إفريقيا. ومن هنا، كان إعجاب القادة الإفريقيين الذين تأثروا بهذه الدعاية ودرسوا وتتلمذوا في مؤسسات إسرائيلية. وقد صعد جيل من هؤلاء ليكونوا رؤساء وقادة في العديد من الدول الإفريقية.

- تردي الأوضاع الاقتصادية والاجتماعية للقارة السوداء حيث يرزح 59% من أهلها تحت خط الفقر، وتصنف 29 دولة من بينها ضمن الدول الأكثر فقراً في العالم يقع ثلاث منها في شرق إفريقيا وهي أثيوبيا والصومال والسودان، وهي ناجمة معظمها عن الحروب الأهلية في هذه الدول. والصراعات بين الدول نفسها أرضية خصبة لـ"إسرائيل" لتمرير مخططاتها وتنفيذ استراتيجية شدّ الأطراف ثم بترها.

- اهتمت "إسرائيل" بشكل خاص بالدول الإفريقية المجاورة للدول العربية والمطلة على المواقع الاستراتيجية المهمة، سواء على البحر الأحمر أو تلك التي تشرف على نهر النيل أو التي تتمتع بموارد اقتصادية غنية. ومن هنا، لوحظ الاهتمام بالسودان حيث لـ"إسرائيل" علاقات مع سبع دول من بين تسع تجاوره ومنها أثيوبيا وأوغندا وكينيا وإريتريا بعد استقلالها سنة 1991، وهي مثلت محطات لاختراق السودان وقواعد متقدمة لها، تراقب من خلال القواعد التي أقامتها في تلك الدول العمق العربي، وتهدد الملاحة في البحر الأحمر وهو ما ظهر في مساعدة "إسرائيل" لإريتريا في احتلالها لجزيرة حنيش اليمنية.

- اعتمدت الاستراتيجية الإسرائيلية على دراسة المجتمعات الإفريقية والوقوف على تمايز أديانها وأعراقها وأجناسها في تطبيق نظرية شدّ الأطراف ثم بترها. ووضح ذلك بشكل جلي في طبيعة الدور الإسرائيلي في جنوب السودان ثم دارفور، فهي فهمت تكوين المجتمع الجنوبي وعملت على توسيع شقة الخلاف بين الجنوب والشمال باعتبار أن الجنوب مسيحي وفق ترويجها والشمال مسلم وبالتالي، فإن الصراع هو بين المسيحية والإسلام. ومن هذا الباب أمدت الحركة الانفصالية بالسلاح،

بحيث أضحت قوة استطاعت مواجهة الحكومة المركزية في الجنوب والتقدم ميدانياً في اتجاهات تجاوزت في بعض المناطق حدود منطقة الجنوب.

• لم يكن الاهتمام الإسرائيلي بدارفور ومن قبله جنوب السودان عشوائياً، فهو عكس تركيز "إسرائيل" على مناطق تزخر بالثروات الحيوية والغنية بالماء والنفط وغيرها. ومن هنا، كان توجه "إسرائيل" نحو الحركة الانفصالية في جنوب السودان بمنح الشركات الإسرائيلية امتيازات التنقيب عن النفط واستخراجه مقابل توسيع الدعم العسكري للحركة ومدها بالسلاح الثقيل.

• لم يفت "إسرائيل" استغلال حدث 2001/9/11، وتوظيف مقولة محاربة "الإرهاب" لخدمة مصالحها في القارة الإفريقية. ففتحت عنوان محاربة "الإرهاب" الإسلامي ودخلت على الساحة السودانية، ونظام البشير يحمل أيديولوجية أصولية متطرفة ويتحالف مع إيران، ومن هذا الباب عمقت "إسرائيل" دعمها للحركة الانفصالية في جنوب السودان باعتبار أنها تحارب نظاماً يدعم "الإرهاب" الإسلامي، وأقام فيه يوماً ما زعيم القاعدة الشيخ أسامة بن لادن.

• الخطوة الأخيرة في أزمة دارفور بملاحقة الرئيس السوداني عمر البشير، كانت الأخيرة ضمن مسلسل طويل وخمسين تقرير وقرار لمبعوث الأمين العام للأمم المتحدة ومجلس الأمن الدولي، ومنها القرار 1706 الذي أقر التدخل الدولي في دارفور بالقوة وفق البند السابع. وهو ما يستهدف في نهاية المطاف تهيئة المسرح الدولي للتدخل العسكري وحصار السودان ثم البدء بخطوات لغزوه عسكرياً تحت زعم وجود أزمات إنسانية، بما يؤدي إلى تفكيك السودان تمهيداً لإعادة رسم المنطقة الإفريقية والعربية، مما يخدم في نهاية الأمر المصالح الأمريكية والإسرائيلية.

ثانياً: التوصيات:

في ضوء كل ما سبق يوصي الباحث لمواجهة التحديات التي تفرضها السياسة الخارجية الإسرائيلية تجاه إفريقيا عامة والسودان خاصة بما يلي:

• الانتباه للوسائل التي تستخدمها "إسرائيل" في التغلغل في المجتمعات الإفريقية في ظلّ الفقر والحروب والصراعات غير المتوقفة فيها، فمن غير المناسب أن تهمل الأطراف

العربية ما تعانيه الدول الإفريقية من تدهور في أوضاعها الاجتماعية والاقتصادية وعدم مدّ العون لها، فالمصلحة العربية تتطلب استثمار المال العربي في مشاريع اقتصادية تسهم في تطور المجتمعات الإفريقية وعدم تركها فريسة لـ"إسرائيل" تلعب بها كيفما تشاء.

• نفذت "إسرائيل" إلى العمق العربي في إفريقيا عبر لعبها على وتر التمايز العرقي والديني، وألبست قضايا الظلم الاجتماعي وتوزيع الثروة لباساً جعل العرق الإفريقي والبعد الديني سبباً يقف وراء هذا الظلم. ومن هنا، فإن تفهم تعدد الأعراق الأخرى في المجتمعات العربية وإعطائها حقوقها يعدّ مهماً في سدّ الطريق أمام "إسرائيل" لتوظيف التنوع العرقي والديني وتحويله إلى عامل تفريق وتفتت وصراع طائفي سرعان ما يتحول إلى مطالبات بالانفصال.

• لا شكّ أن الخلافات العربية تلعب دوراً مؤثراً في التغلغل الإسرائيلي في القارة الإفريقية، فهي استطاعت أن تجعل من نفسها فيصلاً في هذه الخلافات. فالدول التي تقيم اتصالات أو علاقات معها هي على خلافات مع الدول التي لا تقيم مثل هذه الاتصالات أو العلاقات، ومن الواضح أن العلاقات المصرية السودانية تمر بمثل هذا الشكل من الخلافات. وقد كانت علاقة مصر مع زعيم الحركة الانفصالية في جنوب السودان جون قرنق وزياراته للقاهرة وابتعاد مصر عن التأثير أو لعب دور في حلّ مشاكل السودان جنوباً وغرباً بما يضمن حفظ أمن السودان مؤشراً واضحاً على ذلك.

• تحسين العلاقات مع الدول الإفريقية التي تجاور الدول العربية، ومنع "إسرائيل" من اتخاذها منفذاً لتنفيذ سياستها في شدّ أطرافها عن جوارها العربي ثم بترها. وعلى سبيل المثال، تقع إريتريا ذات الموقع الاستراتيجي على البحر الأحمر والتي تتمتع بوجود عدد كبير من الجزر فيه في سلم أولويات هذه الدول، فـ"إسرائيل" تمكنت من إقامة علاقات مع إريتريا بعد استقلالها، بعدما قدمت لها الدعم قبل الاستقلال، على الرغم من أنها كانت في صراع مع أثيوبيا التي تعرف بعلاقاتها القديمة والمتينة مع "إسرائيل". وإريتريا المسلمة تعدّ دولة عربية إلا أن العلاقات مع "إسرائيل" دفعتها للبقاء خارج الفضاء العربي والتحالف معه.

- مثّل عقد الثمانينيات وعقد التسعينيات مرحلة لعودة علاقات معظم الدول الإفريقية مع "إسرائيل" تأثراً بعملية السلام، وتوقيع أكثر من دولة عربية على اتفاقات سلام معها، ما دفع بالدول الإفريقية إلى إعادة علاقاتها مع "إسرائيل" دون أن تدفع ثمن ذلك، وهو ما نجم عن غياب التنسيق العربي مع الدول الإفريقية والاتفاق على مواقف مؤيدة للعرب وقضاياهم بما يحجم التغلغل الإسرائيلي في هذه الدول.

- تلعب أجهزة الاستخبارات والدعاية الإسرائيلية دوراً مهماً في علاقات "إسرائيل" مع الدول الإفريقية وهي تشكل عاملاً أساسياً في ترتيب تلك العلاقات. وفي المقابل، فإن هناك غياباً عربياً شبه تام عن متابعة أوجه الوجود الإسرائيلي في القارة الإفريقية التي تعقد العديد من الاتفاقيات الأمنية والعسكرية مع دولها والتي تهدد الأمن العربي، الأمر الذي يستلزم توثيق العلاقات الأمنية العربية مع الدول الإفريقية.

- تحولت دارفور إلى ساحة للاختراق الإسرائيلي بوسائل شتى وجسراً للدعاية الإسرائيلية واليهودية بما يهدد أمن السودان واستقراره، وهو ما اتضح في قرار المحكمة الجنائية الدولية ملاحقة رئيسه عمر البشير. وقد تداعت إلى هذه المنطقة العديد من منظمات حقوق الإنسان والجمعيات الأهلية ومؤسسات تابعة للأمم المتحدة ومؤسسات وجمعيات إسرائيلية للوقوف على ما يحدث في دارفور ومساعدة أهله. وبالمقابل، فإن أي من المنظمات والجمعيات العربية لم تقم بأي دور وغابت بشكل كامل عن متابعة قضية دارفور من الداخل. فالواجب أن يكون للدول العربية دور مباشر أو غير مباشر في التأثير على ما يحدث في دارفور.

- القارة السوداء تتمتع بموقع استراتيجي مهم وثروات اقتصادية هائلة أدركتها "إسرائيل" منذ زمن بعيد، في حين القصور العربي كان واضحاً في هذا الاتجاه، بحيث تركت الدول العربية المجاورة للدول الإفريقية، والتي تعدّ جزءاً منها، إفريقيا غنيمة ولقمة سائغة لـ"إسرائيل" وأطراف دولية مختلفة ولم تتداعَ للقيام بأي دور للاستفادة من إفريقيا فيما يخدم المصالح العربية في أوجهها المختلفة، ما يتطلب موقف عربي يعيد النظر في هذا القصور ويستشرف مستقبلاً أفضل للعلاقات العربية الإفريقية.

الملاحق

وثائق أمريكية عن جنوب السودان

وثائق أمريكية عن جنوب السودان

المراسلات بين السفارات الأمريكية في الدول المحيطة بالسودان ووزارة الخارجية الأمريكية حول دور "إسرائيل" في جنوب السودان [1].

1. مطار أمادي:

التاريخ: 9-2-1970

من: السفير، كمبالا

إلى: وزير الخارجية، واشنطن

الموضوع: إسرائيل في جنوب السودان

"صباح اليوم، زار الأب الكاثوليكي ديلا روكا (كاردينال يوغندا) السفارة لأمور تتعلق بالقنصلية. وقابل القائم بالأعمال لدقائق قليلة. وقال له أن طائرات إسرائيلية تهبط وتقلع من مطار صغير في منطقة "مادي" في السودان.

حسب معلومات قادة مسيحيين كاثوليك، أفارقة وأميركيين، قال لهم لاجئون هربوا من السودان أن هناك مطاراً بدائياً صغيراً، أما في منطقة "مادي" في شمال يوغندا، أو قرب مدينة "أمادي" السودانية. وهناك أخبار بأن طائرات إسرائيلية تقلع من أثيوبيا، وتهبط في المطار، وتحمل امدادات إلى المتمردين السودانيين.

وقال الأب ديلا روكا أن مبشرين قالوا له أن لاجئين هربوا من السودان قالوا لهم ذلك أيضاً. وأنهم شاهدوا ثلاث رجال بيض قرب طائرة في المطار. ويعتقدون أنهم إسرائيليون.

رأينا:

ليست جديدة أخبار هبوط طائرات أجنبية في جنوب السودان. لكننا نرسل لكم هذه المعلومات لأن الاب ديلا روكا رجل محترم، ولا ينقل لنا معلومات إلا إذا اقتنع أن فيها بعض الحقائق...".

---

[1] محمد صالح، وثائق أمريكية عن جنوب السودان، 2008.

2. يوغندا والعرب:

التاريخ: 11-3-1970

من: السفير، كمبالا

إلى: وزير الخارجية، واشنطن

الموضوع: يوغندا والعرب

"بينما يعتقد السودانيون أنهم أفارقة، تعتقد أغلبية اليوغنديين أن هناك فرقاً بين السودانيين الجنوبيين الأفارقة، وبين السودانيين الشماليين العرب. وعندما نسمع اليوغنديين يتكلمون عن السودان، نلاحظ أنهم يفرقون بين "حكومة العرب" في الشمال، و"إخواننا الأفارقة" في الجنوب.

يوجد وسط الطبقة الحاكمة في يوغندا مثقفون من شمال يوغندا، وينتمون إلى قبائل: كاكوا، وأشولي، ومادي، ولوقبارا. عندما يقول هؤلاء "إخواننا"، يقصدون السودانيين الجنوبيين. والسبب هو أن بعض هذه القبائل تعيش في شمال يوغندا، وأيضاً في جنوب السودان...

وتنعكس نظرة اليوغنديين لشمال السودان في عدم حماسهم لمنظمة الوحدة الإفريقية، لأنهم يعتقدون أن العرب يسيطرون عليها. هذا بالإضافة إلى أنهم لا يرتاحون لسكرتيرها العام: ديالو تيلي...

أضف إلى ذلك الدور الإسرائيلي.

نؤكد أن العداء للعرب في يوغندا لا يعني بالضرورة الانحياز نحو إسرائيل. لكن، يحترم كثير من اليوغنديين الإسرائيليين. وزار يوغنديون إسرائيل، وعادوا بانطباعات إيجابية. هذا بالإضافة إلى أن سفارة إسرائيل هنا تعمل في نشاط وانتظام. وتلبي سريعاً وعملياً أي طلب مساعدة. ويتمتع الدبلوماسيون الإسرائيليون بكفاءة وحزم. وظلت المساعدة العسكرية الإسرائيلية ليوغندا فعالة وضخمة.

توجد أخبار عن تدخل الإسرائيليين في جنوب السودان تدخلاً مباشراً من شمال يوغندا. إذا فعلوا ذلك، أعتقد أنهم ارتكبوا خطأً كبيراً. لا أعتقد أن حكومة يوغندا، إذا تأكدت، ستحتج علناً. لكنها ربما ستطلب من السفارة الإسرائيلية هنا وقف هذه

النشاطات. إنها تتدخل في شؤون دولة مجاورة. وطبعاً، لا تريد يوغندا من السودان، أو من أي دولة مجاورة، أن يتدخل في شؤونها...".

3. دعم أثيوبيا، ورفض زائير:

التاريخ: 17-3-1970

من: راي كلاين، مدير الأبحاث والاستخبارات الخارجية

إلى: وزير الخارجية

الموضوع: جنوب السودان ليس بيافرا

(مقتطفات): "... وصلت الحرب الأهلية في جنوب السودان إلى حالة جمود، وذلك بسبب تساوي الطرفين في القوة.

بدأت الحرب سنة 1955 (تمرد حامية عسكرية في توريت). وتكثفت سنة 1963 (حملة الفريق عبود العسكرية). والآن، يتسلم المتمردون مزيداً من أسلحة ومعدات حديثة. لكن، ليس بكميات كبيرة. ويبدو أن معظمها من إسرائيل.

يبدو أن أثيوبيا ظلت تسمح لإسرائيل بإرسال كميات محدودة من الأسلحة عبر حدودها. وأنها، أثيوبيا، تقدم تدريبات عسكرية لبعض السودانيين الجنوبيين.

لكن، تتصرف أثيوبيا في تحفظ، خوفاً من أن يستأنف السودان مساعدة جبهة تحرير إريتريا. (في ذلك الوقت، كانت أثيوبيا تحكم إريتريا، وقادت جبهة التحرير حرب الاستقلال. حتى استقلت إريتريا سنة 1993).

وأيضاً، تتحفظ دول مجاورة خوفاً من أن يساعد السودان منظمات المعارضة فيها... في زائير (الكونغو)، يتحفظ موبوتو في مساعدة المتمردين الجنوبيين، وذلك حتى لا يساعد السودان المعارضة في بلده. وظلّ يرفض أي نشاط عسكري لهم هناك. ويعتقد أنه رفض طلباً من إسرائيل لإقامة معسكرات تدريب للجنوبيين...".

4. تعليمات للسفارات:

التاريخ: 18-3-1970

من: وزير الخارجية، واشنطن

إلى: (السفراء الأميركيين في عشرين دولة، منها السودان، والسعودية، ومصر، وإسرائيل، وإيطاليا، وفرنسا، ودول أروبية وإفريقية اخرى).

الموضوع: تدخل أجنبي في تمرد جنوب السودان

"حصلنا على أدلة ووثائق تؤكد زيادة اهتمام الأجانب بتمرد جنوب السودان، والذي دخل عامه السابع. هناك مؤشرات تأييد إسرائيلي سرى للمتمردين. وهناك أشخاص مثل الكونت فون روزن. وهناك منظمات مثل "جوينت جيرج ايد" (المساعدة الكنسية المتحدة). و"كريستيان ريليف" (الإغاثة المسيحية). كانت هذه تعمل في نشاط في الحرب الأهلية في نيجيريا (حرب بيافرا).

يتوقع أن يرفع هؤلاء شعار "جينوسايد" (إبادة). ويعلنوا أن العرب يبيدون الأفارقة. وربما سيطلبون مساعدات منظمات أميركية خاصة.

نحن لا نريد للحكومة الأميركية بأن تتدخل في هذه المشكلة بأي حال من الأحوال. ونحن نريد من المنظمات الأميركية الخاصة التي تريد إرسال مساعدات إنسانية، أن تقدم براهين على وجود هذه (الإبادة).

بالإضافة إلى ذلك، ستتعقد علاقاتنا مع السودان، ومع الدول العربية الأخرى، إذا ظهرت أي وثيقة بأن الحكومة الأميركية تتدخل في جنوب السودان، سواء كانت هذه الوثيقة صحيحة أو مزورة...

تريد رئاسة الوزارة من سفاراتها ذات الصلة أن تفعل الآتي:

أولاً: تواصل إرسال تقارير عن مساعدات أفراد، أو منظمات، أو حكومات، للمتمردين في جنوب السودان.

ثانياً: تتحاشى الاتصال مع هؤلاء المتمردين، حتى لا تفسر هذه الاتصالات بأنها تأييد لهم.

ثالثاً: تتحاشى التدخل حتى في المساعدات الإنسانية.

رابعاً: إذا سألت أي حكومة أجنبية، ترد بأن الحكومة الأميركية تعتبر المشكلة مشكلة داخلية...".

5. أسلحة من ألمانيا:

التاريخ: 9-4-1970

من: السفير الأميركي، كمبالا

إلى: وزير الخارجية، واشنطن

الموضوع: مشاكل ألمانية في جنوب السودان

"ظهر الثلاثاء، قبل يومين، جاء إلى مكتبي السفير الألماني ايك. وأنا أثرت معه موضوع المبشرين الألمان في جنوب السودان. وهو قال، وكأنه يشتكي لي، إن الموضوع سبب له مشاكل، وإنه يمشي على بيض (يقصد أنه حذر).

وقال إن منظمة "آكشن ميدكو"، التي يرأسها قسيس ألماني، تدخلت تدخلاً عميقاً في جنوب السودان. وإن القسيس يرسل مساعدات طبية عن طريق يوغندا، ودول أخرى مجاورة. ليست المساعدات كثيرة، لكنها تزيد، وتخلق تعقيدات. وهو يرسل، أحياناً، أسلحة في صناديق طبية.

وقال السفير أن منظمة "اكشن ميدكو" تتمتع بتأييد سياسيين في ألمانيا، وأنها نشطة جداً في ألمانيا، وفي دول أخرى...".

6. "نيوزويك":

التاريخ: 27-4-1970

من: وزير الخارجية، واشنطن

إلى: السفراء الأميركيين في الخرطوم، وكمبالا، وتل أبيب

الموضوع: جنوب السودان

"يوم 4-5-1970، نشرت مجلة "نيوزويك" (تعودت أن تكتب تاريخ صدور العدد التالي) خبراً عنوانه: "أسلحة إسرائيلية إلى المتمردين السودانيين." وهذا هو نص الخبر:

"تصل أسلحة صنعت في إسرائيل إلى المتمردين السود في جنوب السودان، والذين ظلوا، لسنوات، يحاربون النظام العربي في الخرطوم. ومؤخرا في جنوب السودان، شاهد غربيون متمردين يحملون بنادق "اوزي" المشهورة المصنوعة في إسرائيل.

ولا يعرف كيف حصل المتمردون على هذه الأسلحة. لكن، توجد في يوغندا بعثة عسكرية إسرائيلية، تدرب عسكريين في السلاح الجوي اليوغندي بالقرب من الحدود مع السودان.

ولفترة من الزمن، انتشرت إشاعات في دول إفريقية أن إسرائيل تساعد المتمردين في جنوب السودان، وذلك بهدف تحويل طاقات حكومة الخرطوم التي تؤيد مصر تأييد قوياً...".

7. صحف سودانية:

التاريخ: 29-4-1970

من: السفير، الخرطوم

إلى: وزير الخارجية، واشنطن

الموضوع: أسلحة إسرائيلية في جنوب السودان

"صباح اليوم، صدرت كل الصحف السودانية تقريباً، وعناوينها الرئيسية عن خبر مجلة "نيوزويك" عن وجود أسلحة إسرائيلية في جنوب السودان. وقالت الصحف إن مراسل المجلة شاهد الأسلحة في جنوب السودان. وأن الأسلحة نقلت إلى المتمردين عن طريق بعثة السلاح الجوي الإسرائيلي في يوغندا.

رأينا:

لأسابيع، كررت حكومة السودان أن إسرائيل ترسل أسلحة إلى المتمردين عن طريق دول مجاورة، بدون أن تسمي هذه الدول. ولهذا، طبعاً، تلقفت الحكومة خبر "نيوزويك" وكأنه حلم تحقق...".

8. إلى تل أبيب:

التاريخ: 18-8-1970

من: وزير الخارجية، واشنطن (ووزير الدفاع).

إلى: السفير، تل أبيب (صورة إلى السفير في الخرطوم. ولكن، لا ترسل صورة إلى أي سفير آخر).

الموضوع: أسلحة إسرائيلية

"مرفق مع هذا نص خطاب مساعد وزير الخارجية نيوسم إلى السفير باربر في تل أبيب، عن الآتي:

أولاً:	طلب معلومات عن النشاطات الإسرائيلية في جنوب السودان.

ثانياً:	الحرص على عدم ربط الحكومة الأميركية بهذه النشاطات.

ثالثاً:	تنسيق بين السفارة والبعثة العسكرية الأميركية في تل أبيب عن طريقة الاتصال مع المسؤولين الإسرائيليين.

(لا يوجد الخطاب المشار إليه وسط هذه الوثائق. ولا رد السفير عليه)".

إصدارات مركز الزيتونة للدراسات والاستشارات

أولاً: الإصدارات باللغة العربية:

1. بشير نافع ومحسن صالح، محرران، التقرير الاستراتيجي الفلسطيني لسنة 2005، 2006.

2. محسن صالح، محرر، التقرير الاستراتيجي الفلسطيني لسنة 2006، 2007.

3. محسن صالح، محرر، التقرير الاستراتيجي الفلسطيني لسنة 2007، 2008.

4. محسن صالح، محرر، التقرير الاستراتيجي الفلسطيني لسنة 2008، 2009.

5. محسن صالح، محرر، التقرير الاستراتيجي الفلسطيني لسنة 2009، 2010.

6. محسن صالح، محرر، التقرير الاستراتيجي الفلسطيني لسنة 2010، 2011.

7. محسن صالح ووائل سعد، محرران، مختارات من الوثائق الفلسطينية لسنة 2005، 2006.

8. محسن صالح ووائل سعد، محرران، الوثائق الفلسطينية لسنة 2006، 2008.

9. محسن صالح ووائل سعد، محرران، الوثائق الفلسطينية لسنة 2007، 2009.

10. محسن صالح ووائل سعد وعبد الحميد فخري الكيالي، محررون، الوثائق الفلسطينية لسنة 2008، 2011.

11. وائل سعد، الحصار: دراسة حول حصار الشعب الفلسطيني ومحاولات إسقاط حكومة حماس، 2006.

12. محمد عارف زكاء الله، الدين والسياسة في أميركا: صعود المسيحيين الإنجيليين وأثرهم، ترجمة أمل عيتاني، 2007.

13. أحمد سعيد نوفل، دور إسرائيل في تفتيت الوطن العربي، 2007.

14. محسن صالح، محرر، منظمة التحرير الفلسطينية: تقييم التجربة وإعادة البناء، 2007.

15. محسن صالح، محرر، قراءات نقدية في تجربة حماس وحكومتها 2006-2007، 2007.

16. خالد وليد محمود، آفاق الأمن الإسرائيلي: الواقع والمستقبل، 2007.

17. حسن ابحيص ووائل سعد، التطورات الأمنية في السلطة الفلسطينية 2006-2007، ملف الأمن في السلطة الفلسطينية (1)، 2008.

18. محسن صالح، محرر، صراع الإرادات: السلوك الأمني لفتح وحماس والأطراف المعنية 2006-2007، ملف الأمن في السلطة الفلسطينية (2)، 2008.

19. مريم عيتاني، صراع الصلاحيات بين فتح وحماس في إدارة السلطة الفلسطينية 2006-2007، 2008.

20. نجوى حساوي، حقوق اللاجئين الفلسطينيين بين الشرعية الدولية والمفاوضات الفلسطينية – الإسرائيلية، 2008.

21. محسن صالح، محرر، أوضاع اللاجئين الفلسطينيين في لبنان، 2008.

22. إبراهيم غوشة، المئذنة الحمراء، 2008.

23. عدنان أبو عامر، مترجم، دروس مستخلصة من حرب لبنان الثانية (تموز 2006): تقرير لجنة الخارجية والأمن في الكنيست الإسرائيلي، 2008.

24. عدنان أبو عامر، ثغرات في جدار الجيش الإسرائيلي، 2009.

25. قصي أحمد حامد، الولايات المتحدة والتحول الديموقراطي في فلسطين، 2009.

26. أمل عيتاني وعبد القادر علي ومعين منّاع، الجماعة الإسلامية في لبنان منذ النشأة حتى 1975، 2009.

27. سمر جودت البرغوثي، سمات النخبة السياسية الفلسطينية قبل وبعد قيام السلطة الوطنية الفلسطينية، 2009.

28. عبد الحميد الكيالي، محرر، دراسات في العدوان الإسرائيلي على قطاع غزة: عملية الرصاص المصبوب/ معركة الفرقان، 2009.

29. عدنان أبو عامر، مترجم، قراءات إسرائيلية استراتيجية: التقدير الاستراتيجي الصادر عن معهد أبحاث الأمن القومي الإسرائيلي، 2009.

30. سامح خليل الوادية، المسؤولية الدولية عن جرائم الحرب الإسرائيلية، 2009.

31. محمد عيسى صالحية، مدينة القدس: السكان والأرض (العرب واليهود) 1275-1368 هـ/ 1858-1948 م، 2009.

32. رأفت فهد مرة، الحركات والقوى الإسلامية في المجتمع الفلسطيني في لبنان: النشأة – الأهداف – الإنجازات، 2010.

33. سامي الصلاحات، فلسطين: دراسات من منظور مقاصد الشريعة الإسلامية، ط 2 (بالتعاون مع مؤسسة فلسطين للثقافة)، 2010.

34. محسن صالح، محرر، دراسات في التراث الثقافي لمدينة القدس، 2010.

35. مأمون كيوان، فلسطينيون في وطنهم لا دولتهم، 2010.

36. عبد الرحمن محمد علي، محرر، إسرائيل والقانون الدولي، 2011.

37. كريم الجندي، صناعة القرار الإسرائيلي: الآليات والعناصر المؤثرة، ترجمة أمل عيتاني، 2011.

38. وسام أبي عيسى، الموقف الروسي تجاه حركة حماس: 2006-2010، 2011.

39. سامي محمد الصلاحات، الأوقاف الإسلامية في فلسطين ودورها في مواجهة الاحتلال الإسرائيلي، 2011.

40. نادية سعد الدين، حق عودة اللاجئين الفلسطينيين: بين حل الدولتين ويهودية الدولة، 2011.

41. عباس إسماعيل، عنصرية إسرائيل: فلسطينيو 48 نموذجاً، سلسلة أولست إنساناً؟ (1)، 2008.

42. حسن ابحيص وسامي الصلاحات ومريم عيتاني، معاناة المرأة الفلسطينية تحت الاحتلال الإسرائيلي، سلسلة أولست إنساناً؟ (2)، 2008.

43. أحمد الحيلة ومريم عيتاني، معاناة الطفل الفلسطيني تحت الاحتلال الإسرائيلي، سلسلة أولست إنساناً؟ (3)، 2008.

44. فراس أبو هلال، **معاناة الأسير الفلسطيني في سجون الاحتلال الإسرائيلي**، سلسلة أولست إنساناً؟ (4)، 2009.

45. ياسر علي، **المجازر الإسرائيلية بحق الشعب الفلسطيني**، سلسلة أولست إنساناً؟ (5)، 2009.

46. مريم عيتاني ومعين مناع، **معاناة اللاجئ الفلسطيني**، سلسلة أولست إنساناً؟ (6)، 2009.

47. محسن صالح، **معاناة القدس والمقدسات تحت الاحتلال الإسرائيلي**، سلسلة أولست إنساناً؟ (7)، 2011.

48. حسن ابحيص وخالد عايد، **الجدار العازل في الضفة الغربية**، سلسلة أولست إنساناً؟ (8)، 2010.

49. مريم عيتاني وأمين أبو وردة ووضّاح عيد، **معاناة العامل الفلسطيني تحت الاحتلال الإسرائيلي**، سلسلة أولست إنساناً؟ (10)، 2011.

50. فاطمة عيتاني وعاطف دغلس، **معاناة المريض الفلسطيني تحت الاحتلال الإسرائيلي**، سلسلة أولست إنساناً؟ (11)، 2011.

51. قسم الأرشيف والمعلومات، مركز الزيتونة، **معاناة قطاع غزة تحت الحصار الإسرائيلي**، سلسلة تقرير معلومات (1)، 2008.

52. قسم الأرشيف والمعلومات، مركز الزيتونة، **معابر قطاع غزة: شريان حياة أم أداة حصار**، سلسلة تقرير معلومات (2)، 2008.

53. قسم الأرشيف والمعلومات، مركز الزيتونة، **أثر الصواريخ الفلسطينية في الصراع مع الاحتلال الإسرائيلي**، سلسلة تقرير معلومات (3)، 2008.

54. قسم الأرشيف والمعلومات، مركز الزيتونة، **مسار المفاوضات الفلسطينية الإسرائيلية ما بين "أنابوليس" والقمة العربية في دمشق (خريف 2007 – ربيع 2008)**، سلسلة تقرير معلومات (4)، 2008.

55. قسم الأرشيف والمعلومات، مركز الزيتونة، **الفساد في الطبقة السياسية الإسرائيلية**، سلسلة تقرير معلومات (5)، 2008.

56. قسم الأرشيف والمعلومات، مركز الزيتونة، **الثروة المائية في الضفة الغربية وقطاع غزة بين الحاجة الفلسطينية والانتهاكات الإسرائيلية**، سلسلة تقرير معلومات (6)، 2008.

57. قسم الأرشيف والمعلومات، مركز الزيتونة، **مصر وحماس**، سلسلة تقرير معلومات (7)، 2009.

58. قسم الأرشيف والمعلومات، مركز الزيتونة، **العدوان الإسرائيلي على قطاع غزة (2008/12/27-2009/1/18)**، سلسلة تقرير معلومات (8)، 2009.

59. قسم الأرشيف والمعلومات، مركز الزيتونة، **حزب كاديما**، سلسلة تقرير معلومات (9)، 2009.

60. قسم الأرشيف والمعلومات، مركز الزيتونة، **الترانسفير (طرد الفلسطينيين) في الفكر والممارسات الإسرائيلية**، سلسلة تقرير معلومات (10)، 2009.

61. قسم الأرشيف والمعلومات، مركز الزيتونة، **الملف الأمني بين السلطة الفلسطينية وإسرائيل**، سلسلة تقرير معلومات (11)، 2009.

62. قسم الأرشيف والمعلومات، مركز الزيتونة، **اللاجئون الفلسطينيون في العراق**، سلسلة تقرير معلومات (12)، 2009.

63. قسم الأرشيف والمعلومات، مركز الزيتونة، **أزمة مخيم نهر البارد**، سلسلة تقرير معلومات (13)، 2010.

64. قسم الأرشيف والمعلومات، مركز الزيتونة، **المجلس التشريعي الفلسطيني في الضفة الغربية وقطاع غزة 1996-2010**، سلسلة تقرير معلومات (14)، 2010.

65. قسم الأرشيف والمعلومات، مركز الزيتونة، **الأونروا: برامج العمل وتقييم الأداء**، سلسلة تقرير معلومات (15)، 2010.

66. قسم الأرشيف والمعلومات، مركز الزيتونة، **دور الاتحاد الأوروبي في مسار التسوية السلمية للقضية الفلسطينية**، سلسلة تقرير معلومات (16)، 2010.

67. قسم الأرشيف والمعلومات، مركز الزيتونة، **تركيا والقضية الفلسطينية**، سلسلة تقرير معلومات (17)، 2010.

68. قسم الأرشيف والمعلومات، مركز الزيتونة، **إشكالية إعطاء اللاجئين الفلسطينيين في لبنان حقوقهم المدنية**، سلسلة تقرير معلومات (18)، 2011.

69. قسم الأرشيف والمعلومات، مركز الزيتونة، **حزب العمل الإسرائيلي**، سلسلة تقرير معلومات (19)، 2011.

ثانياً: الإصدارات باللغة الإنجليزية:

70. Mohsen M. Saleh and Basheer M. Nafi, editors, *The Palestinian Strategic Report 2005*, 2007.

71. Mohsen M. Saleh, editor, *The Palestinian Strategic Report 2006*, 2010.

72. Mohsen M. Saleh, editor, *The Palestinian Strategic Report 2007*, 2010.

73. Mohsen M. Saleh, editor, *The Palestinian Strategic Report 2008*, 2010.

74. Mohsen M. Saleh, editor, *The Palestinian Strategic Report 2009/10*, 2011.

75. Muhammad Arif Zakaullah, *Religion and Politics in America:* The Rise of Christian Evangelists and Their Impact, 2007.

76. Mohsen M. Saleh and Ziad al-Hasan, *The Political Views of the Palestinian Refugees in Lebanon as Reflected in May 2006*, 2009.

77. Ishtiaq Hossain and Mohsen M. Saleh, *American Foreign Policy & the Muslim World*, 2009.

78. Abbas Ismail, *The Israeli Racism: Palestinians in Israel: A Case Study*, Book Series: Am I Not a Human? (1), translated by Aladdin Assaiqeli, 2009.

79. Hasan Ibhais, Mariam Itani and Sami al-Salahat, *The Suffering of the Palestinian Woman Under the Israeli Occupation*, Book Series: Am I Not a Human? (2), translated by Iman Itani, 2010.

80. Ahmad el-Helah and Mariam Itani, *The Suffering of the Palestinian Child Under the Israeli Occupation*, Book Series: Am I Not a Human? (3), translated by Iman Itani, 2010.

81. Firas Abu Hilal, *The Suffering of the Palestinian Prisoners & Detainees under the Israeli Occupation*, Book Series: Am I Not a Human? (4), translated by Baraah Darazi, 2011.

82. Mariam Itani and Mo'in Manna', *The Suffering of the Palestinian Refugee*, Book Series: Am I Not a Human? (6), translated by Salma al-Houry, 2010.

Printed in the United States